W0079055

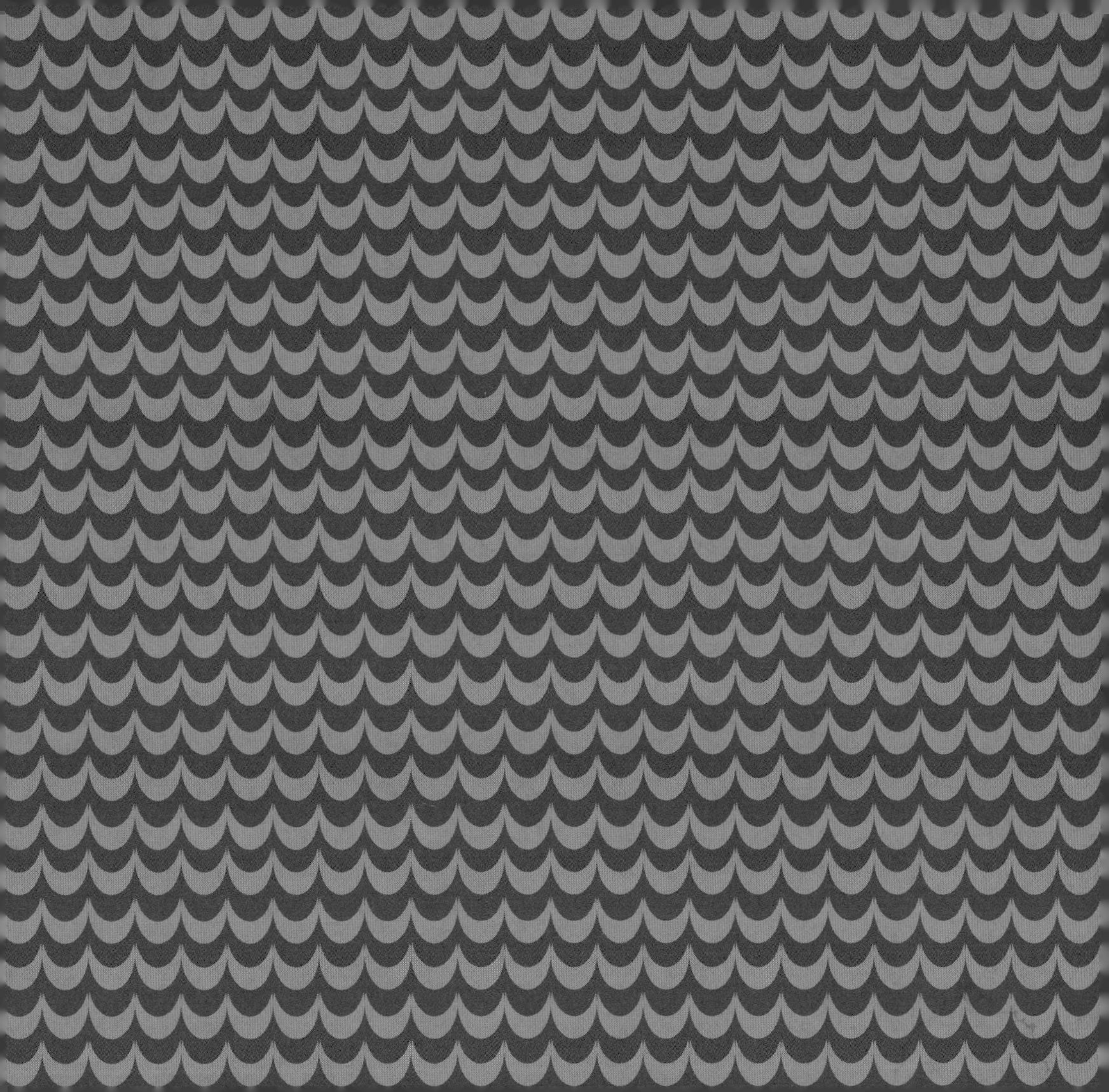

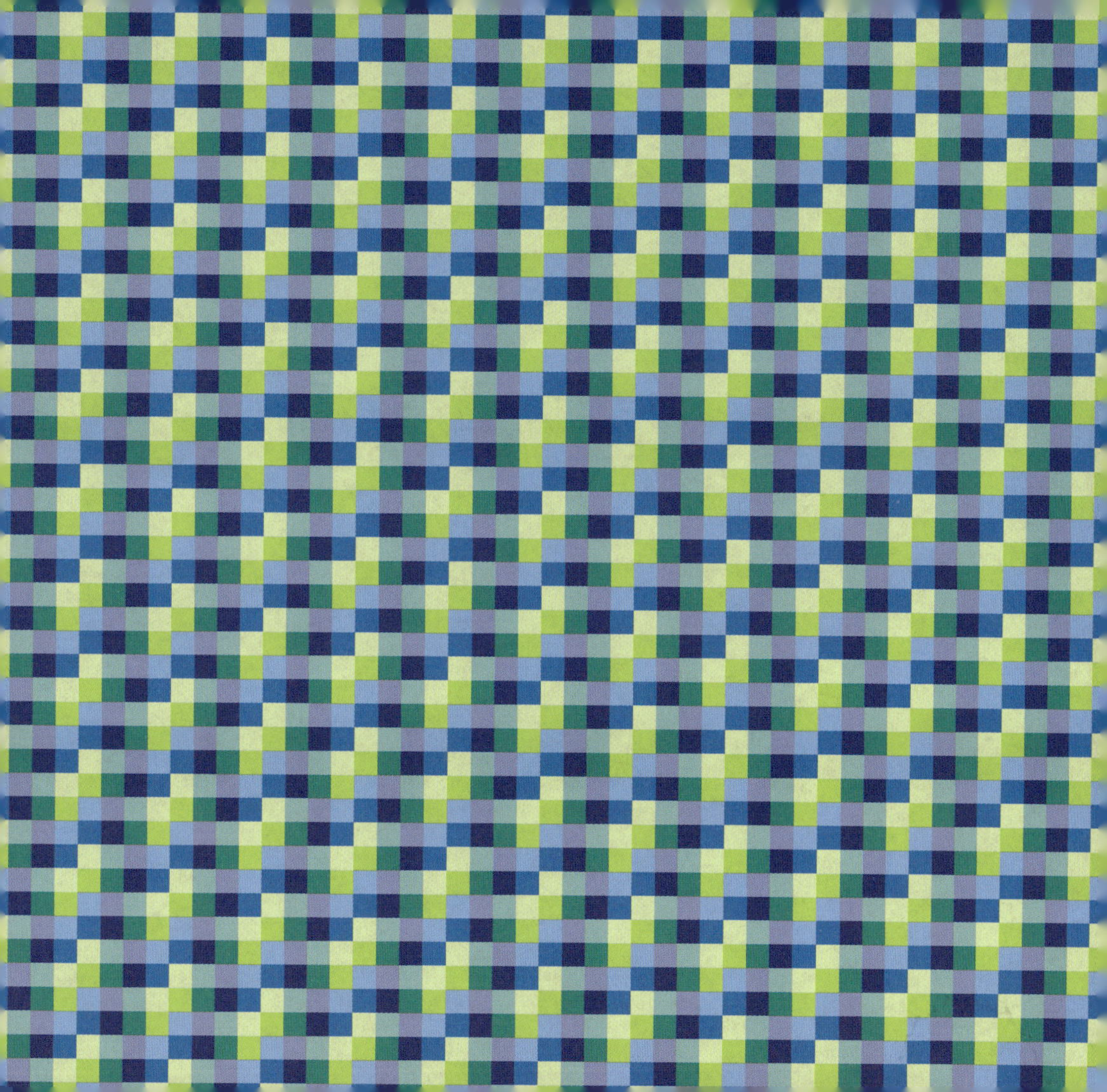

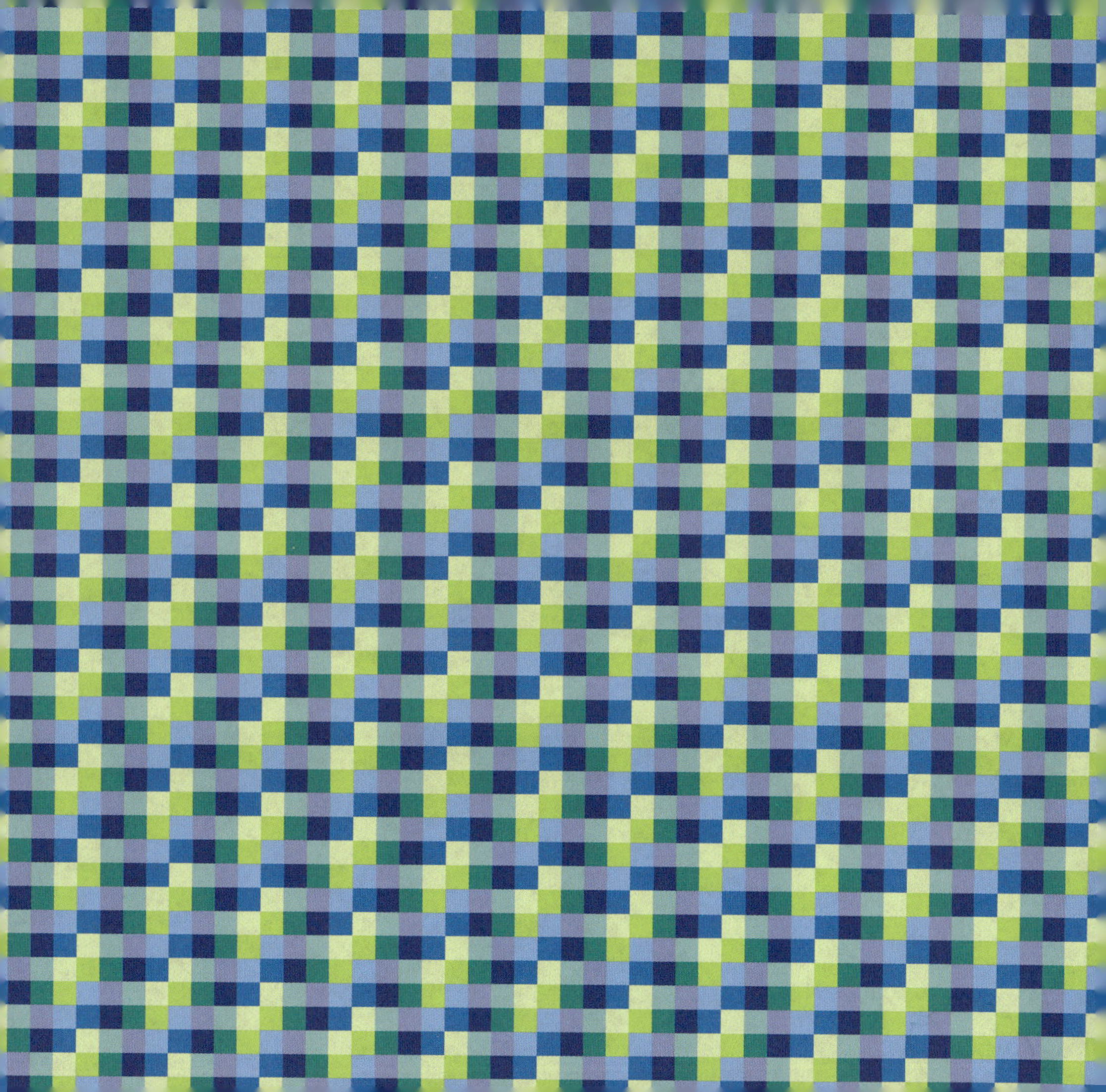

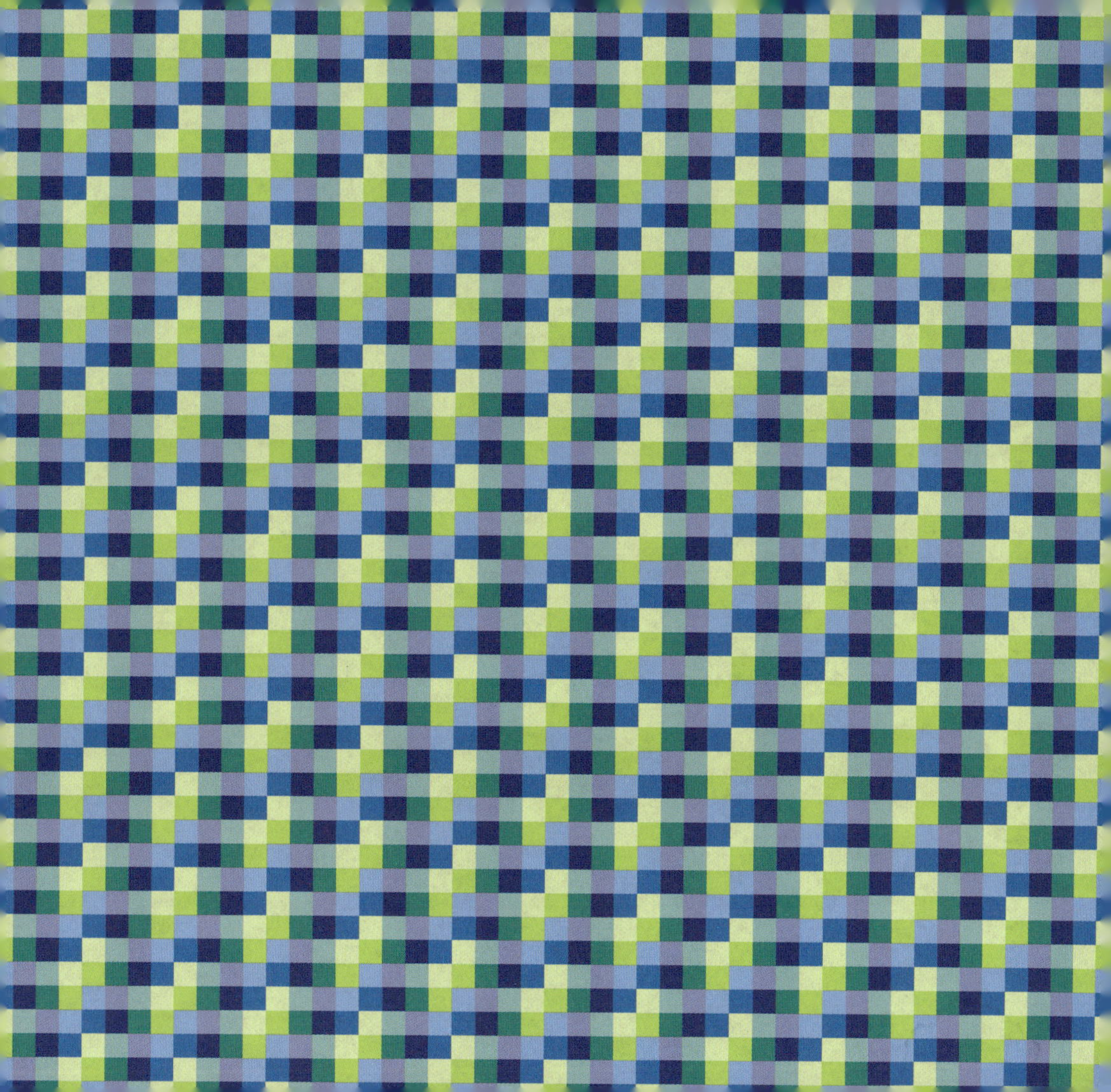

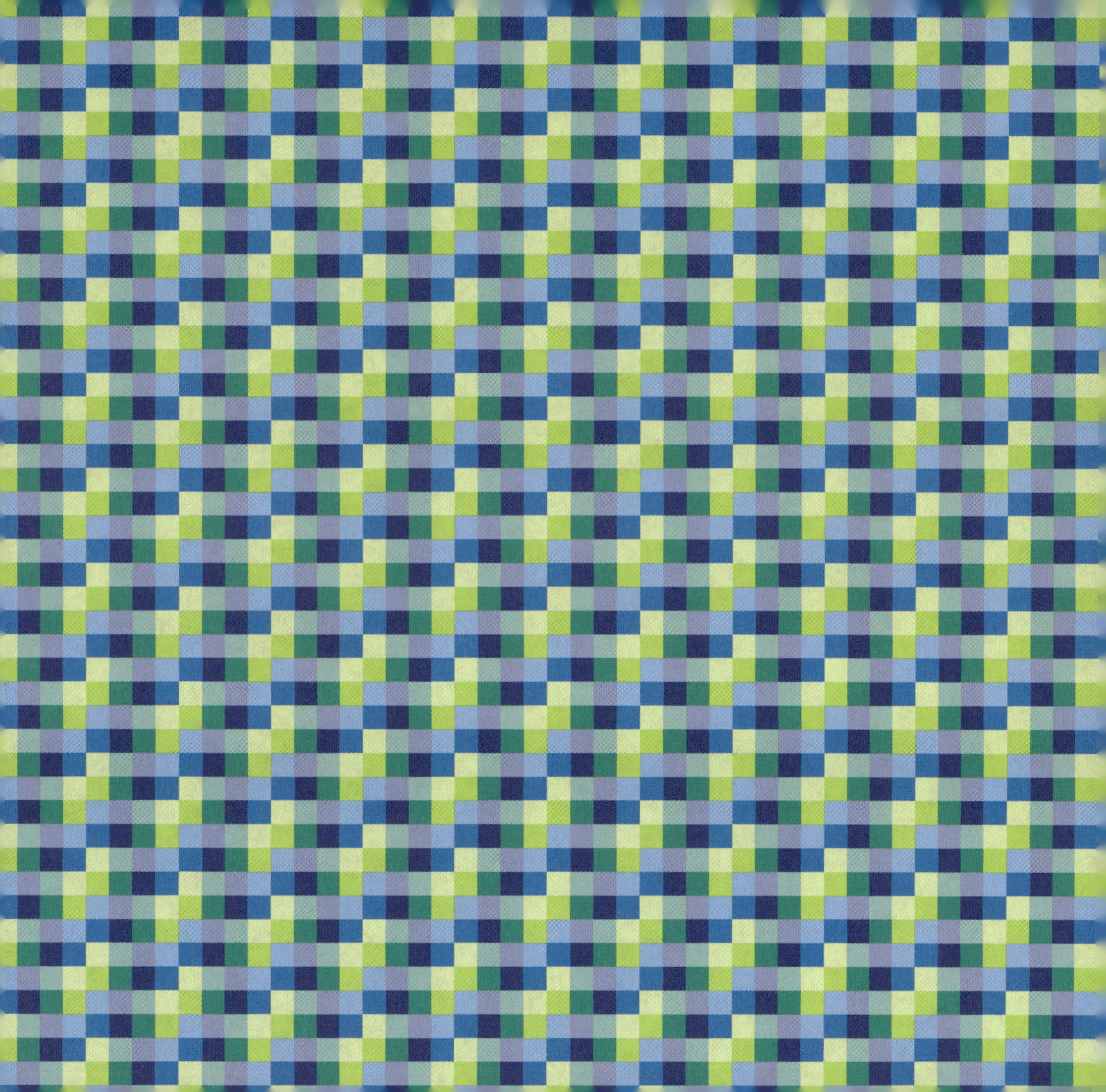

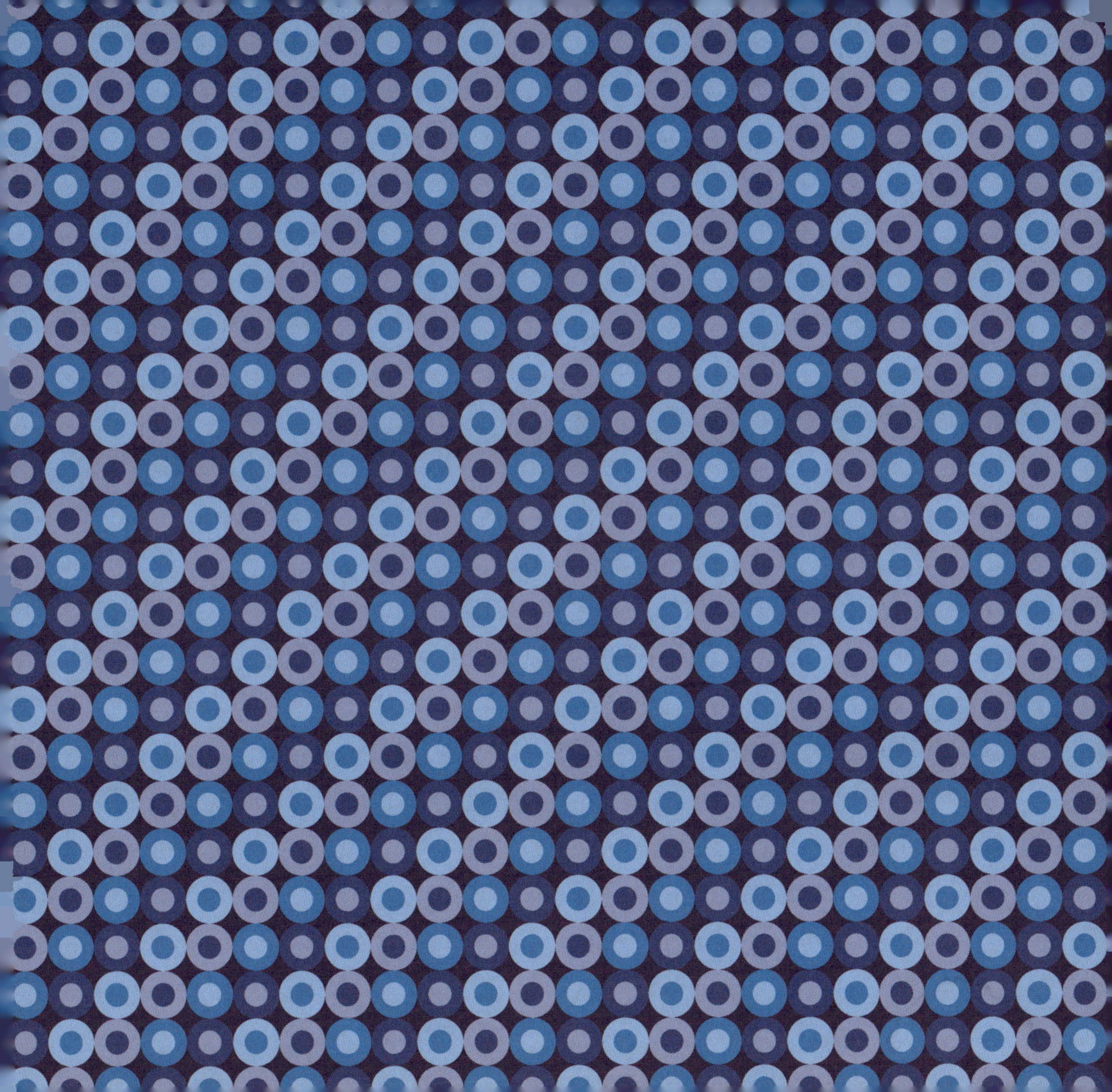

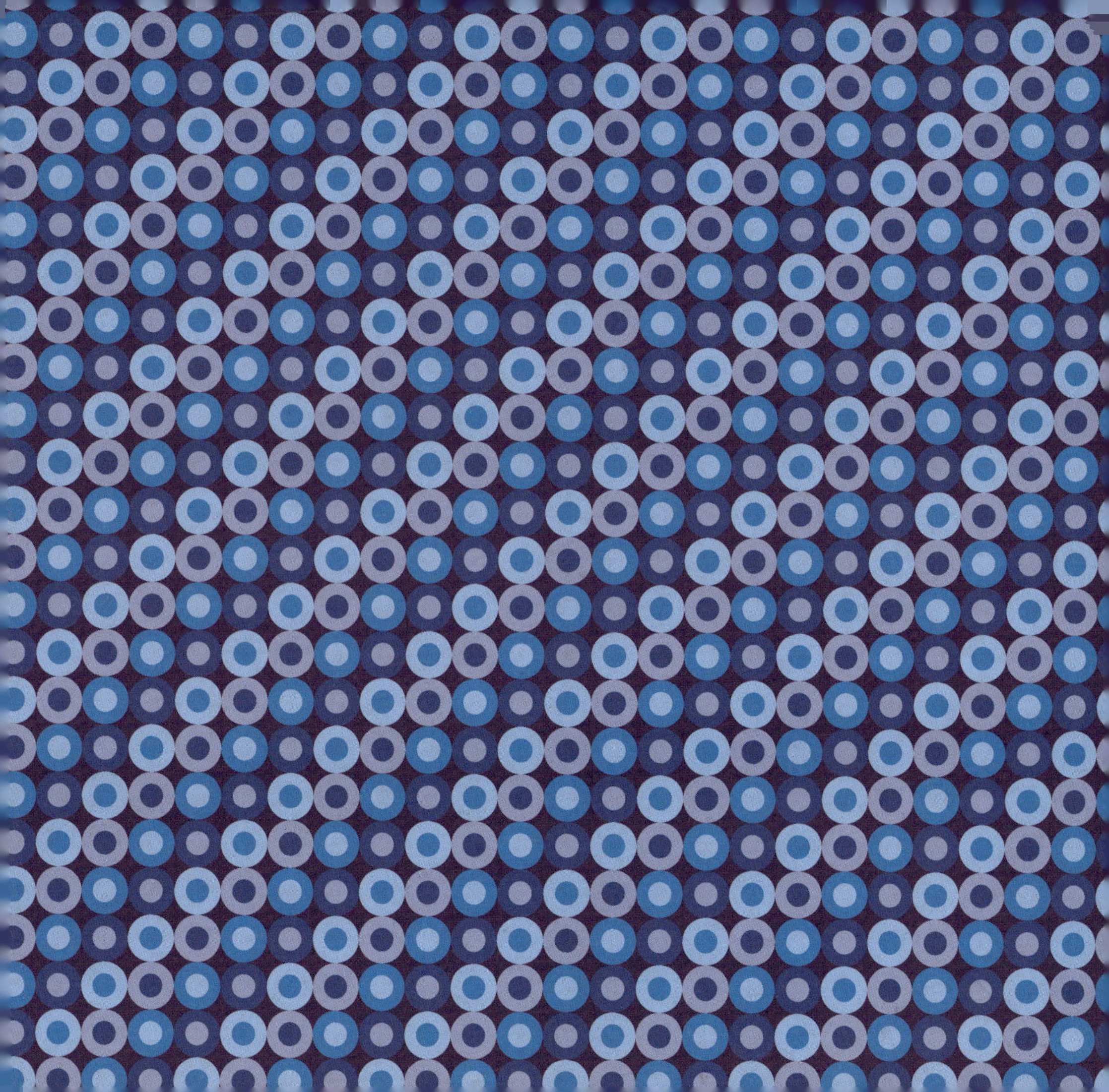

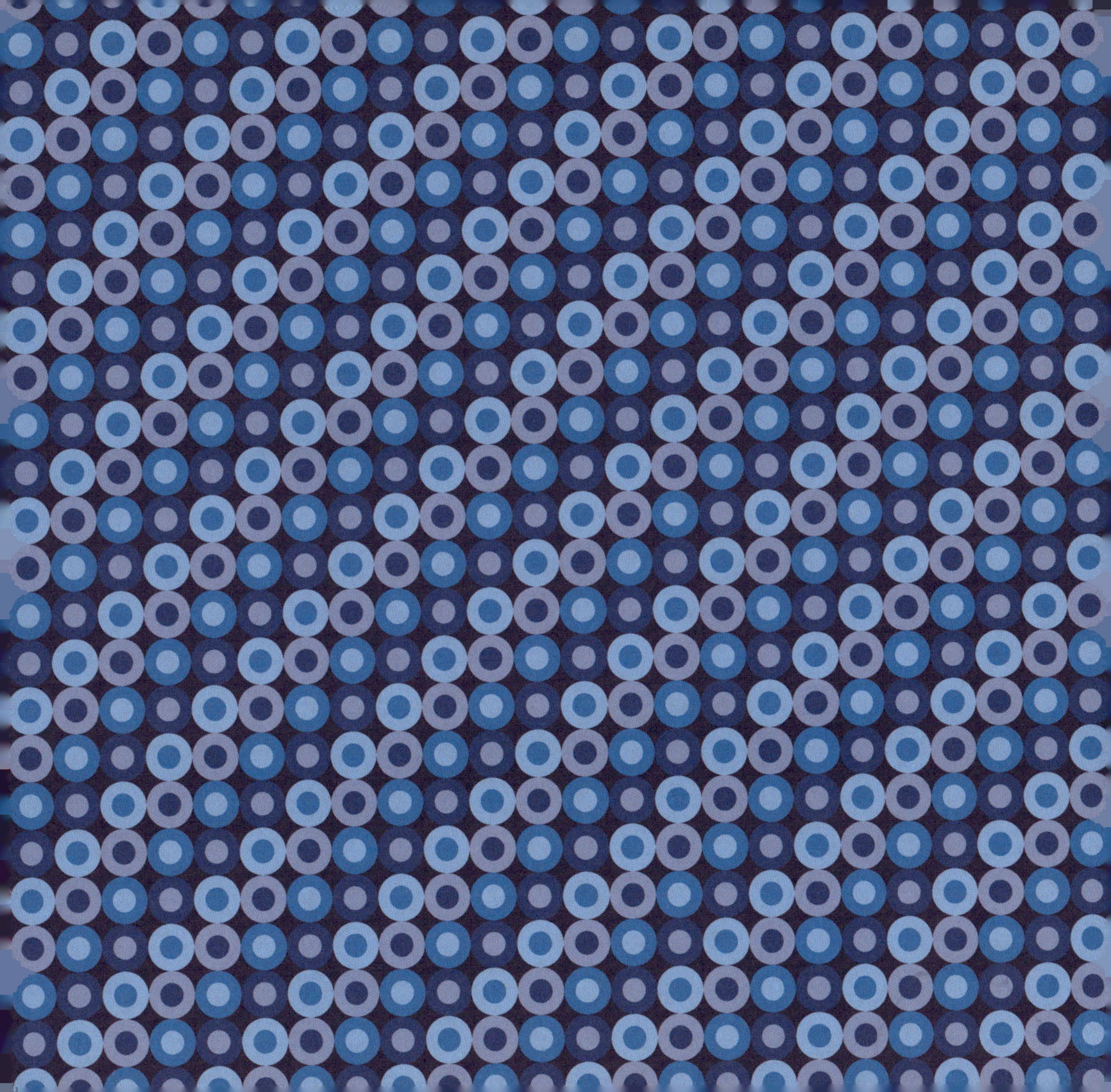

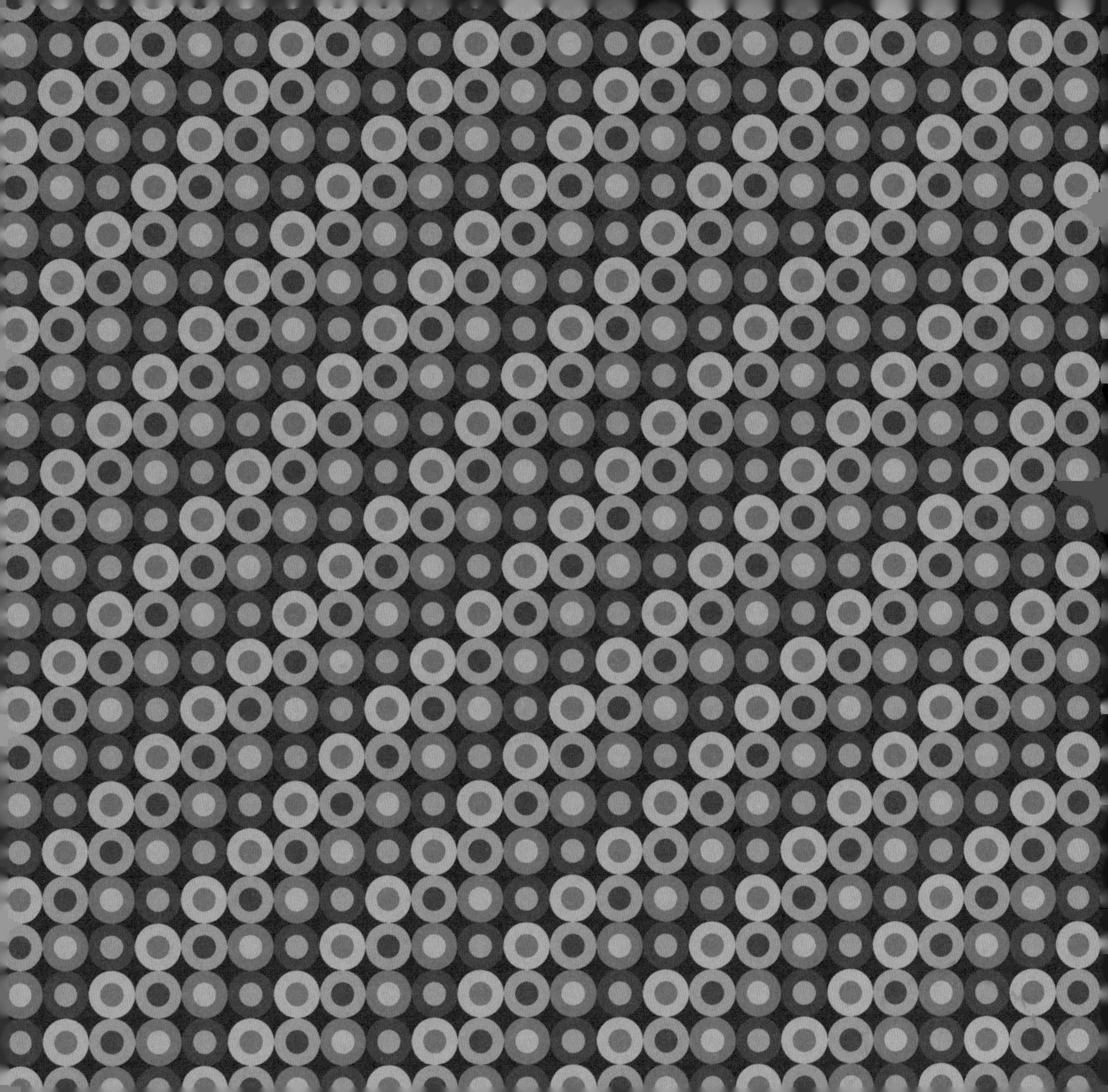

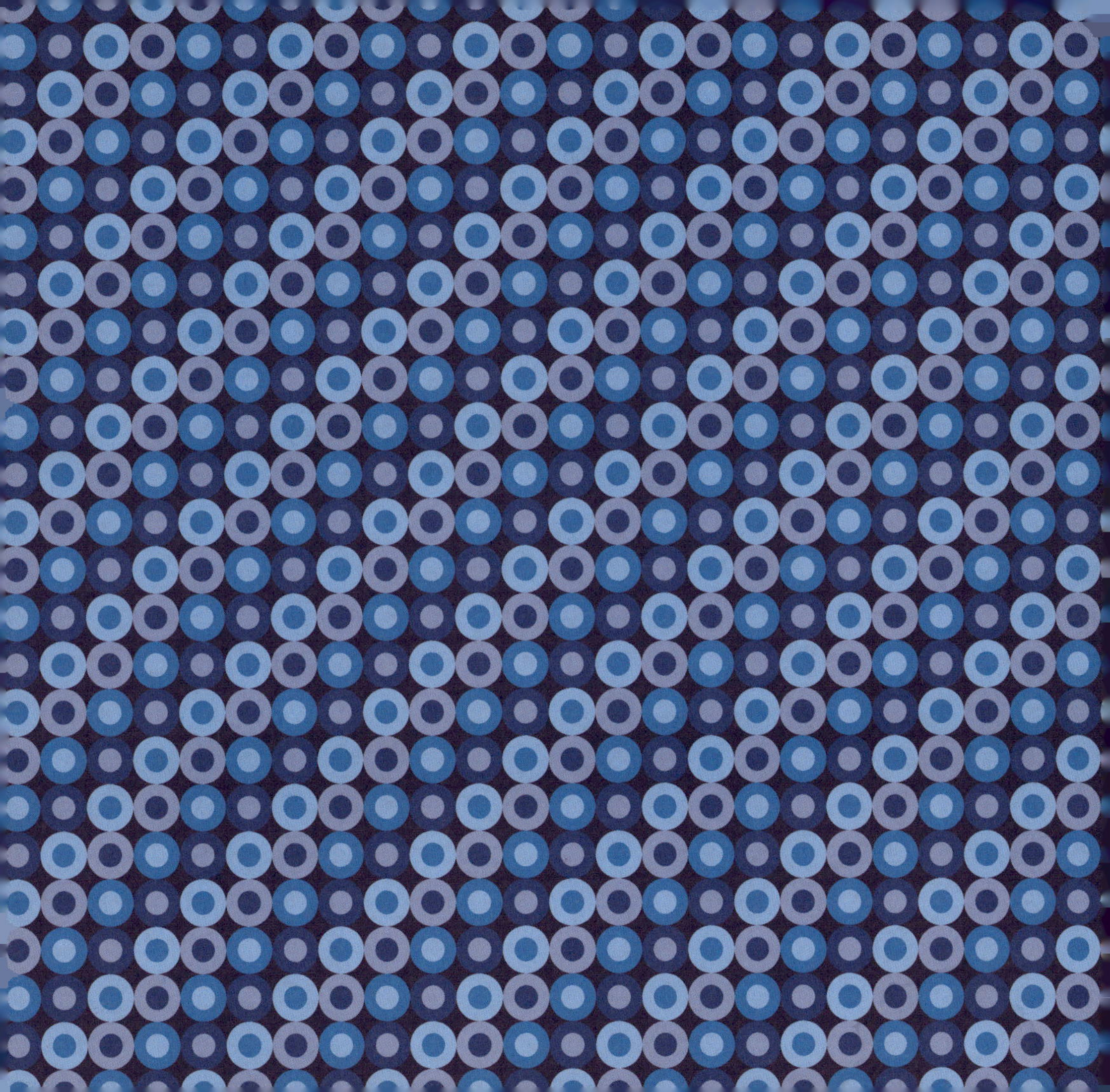

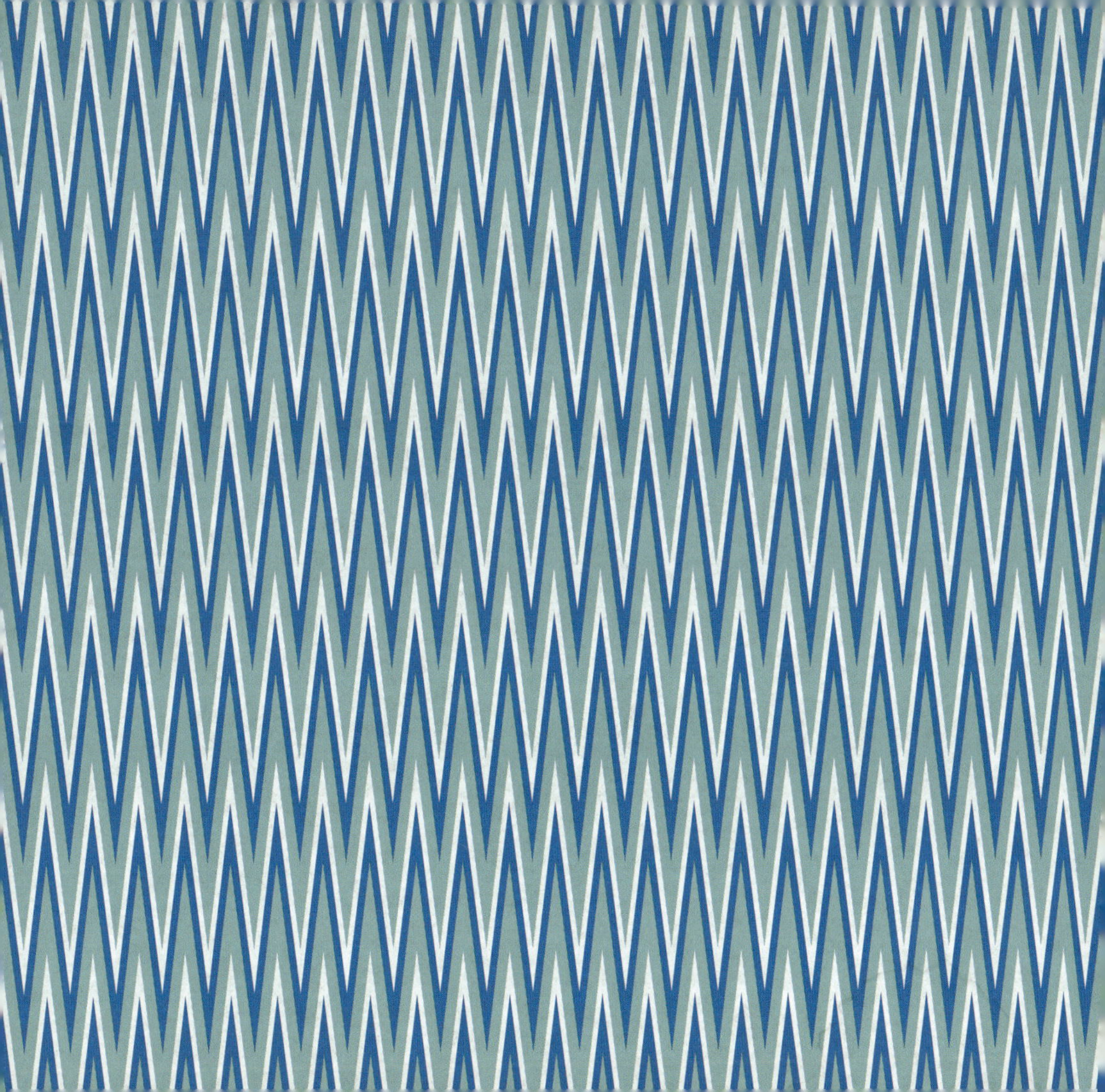

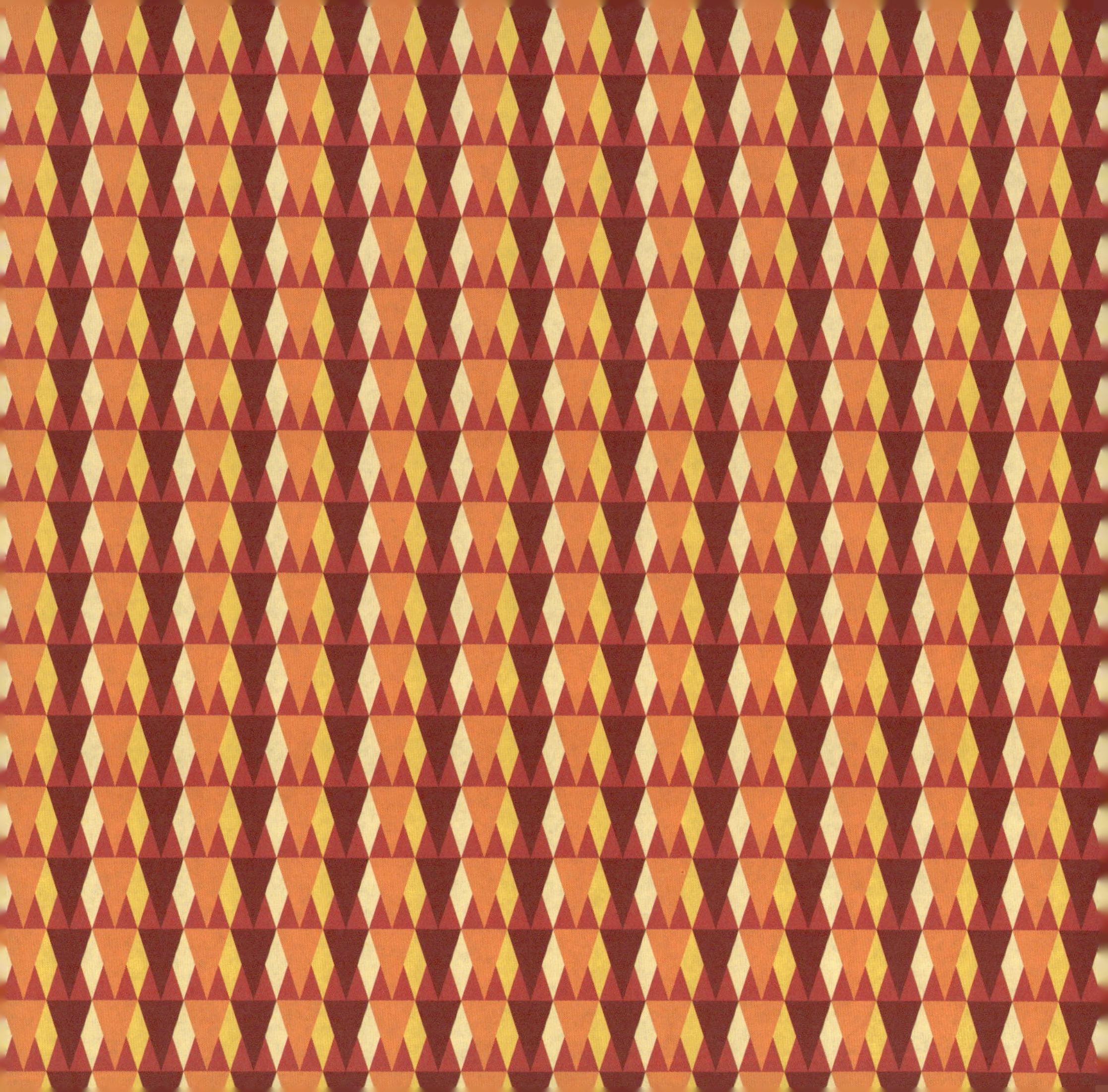

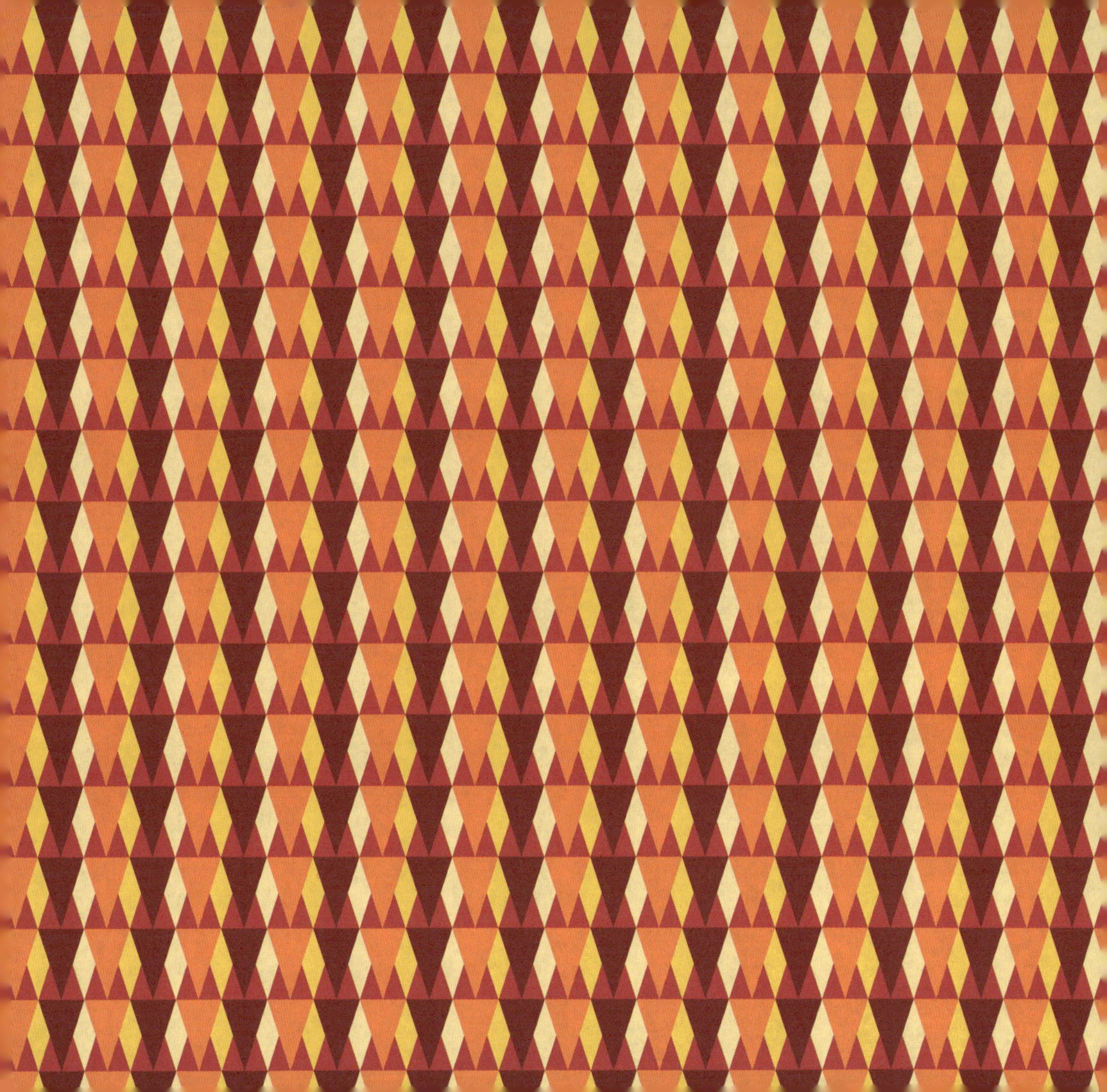

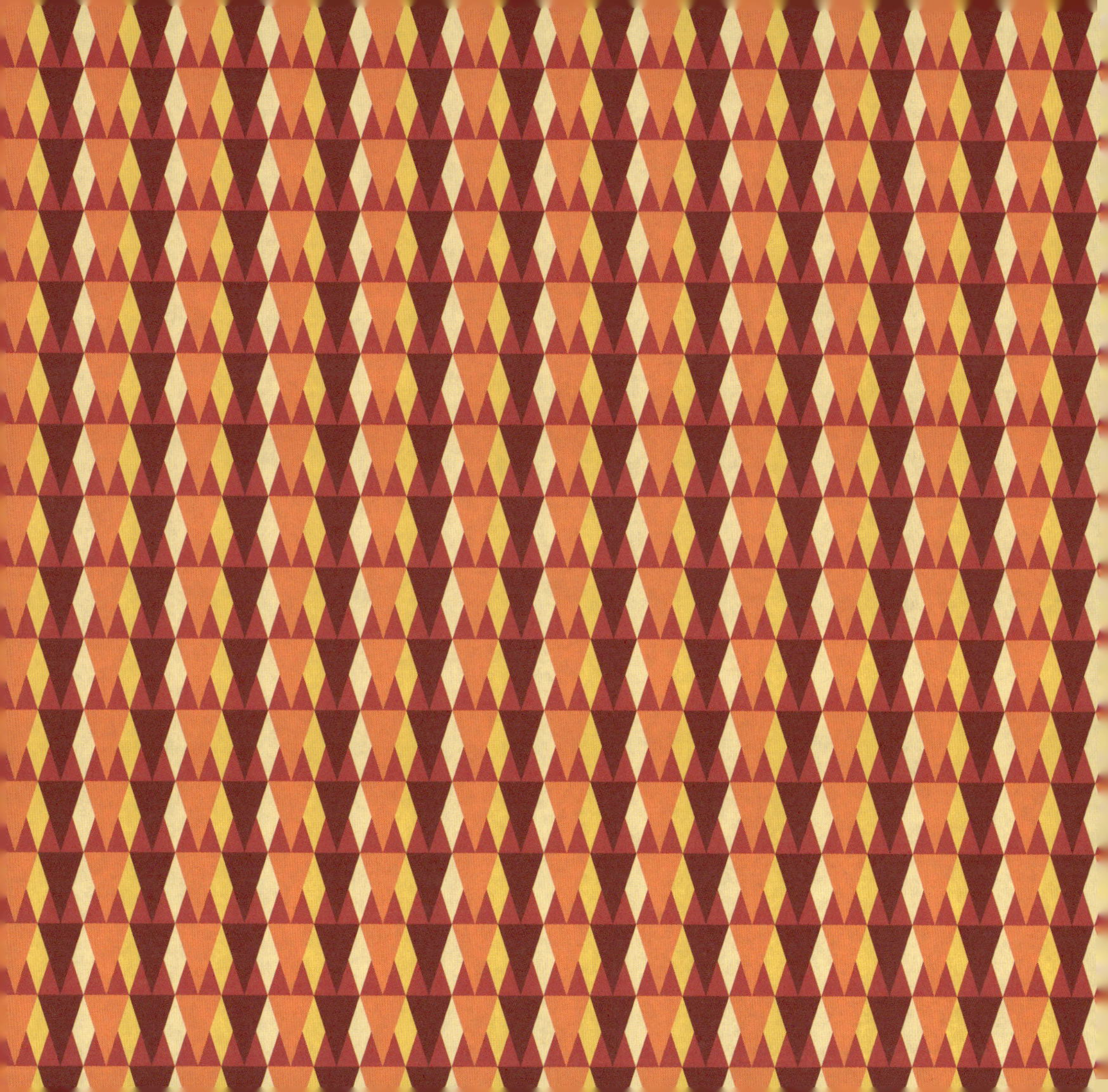

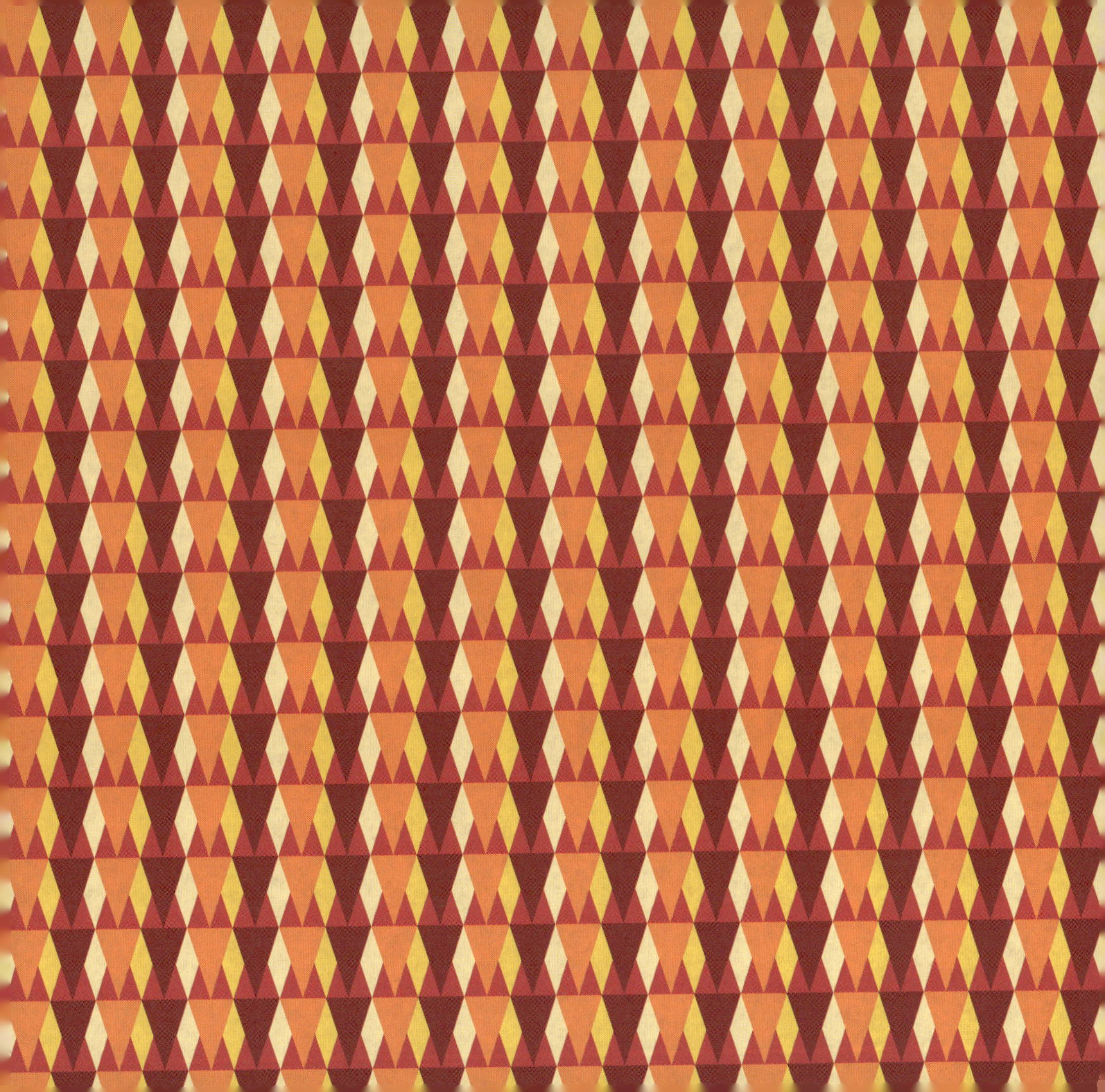

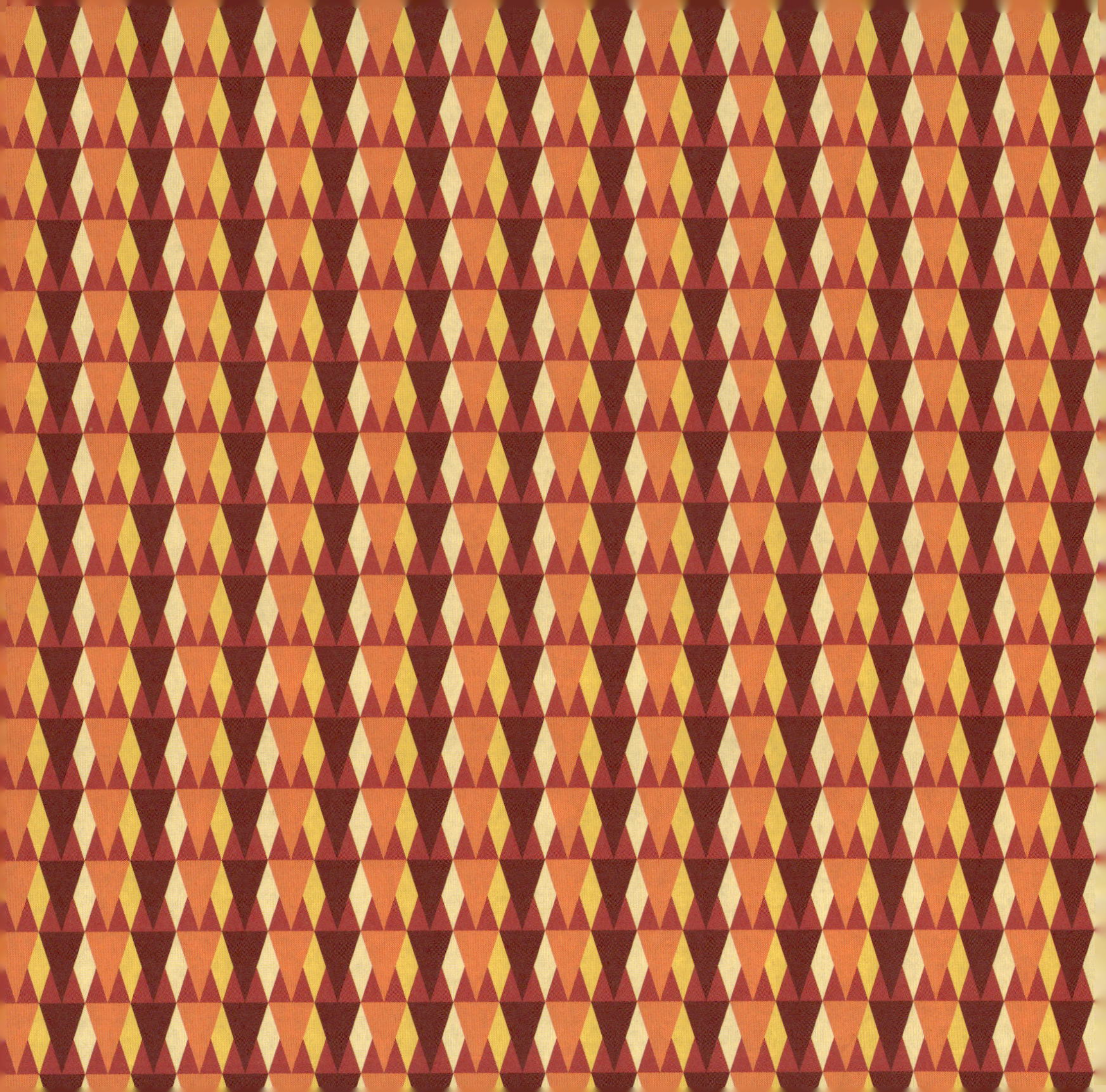

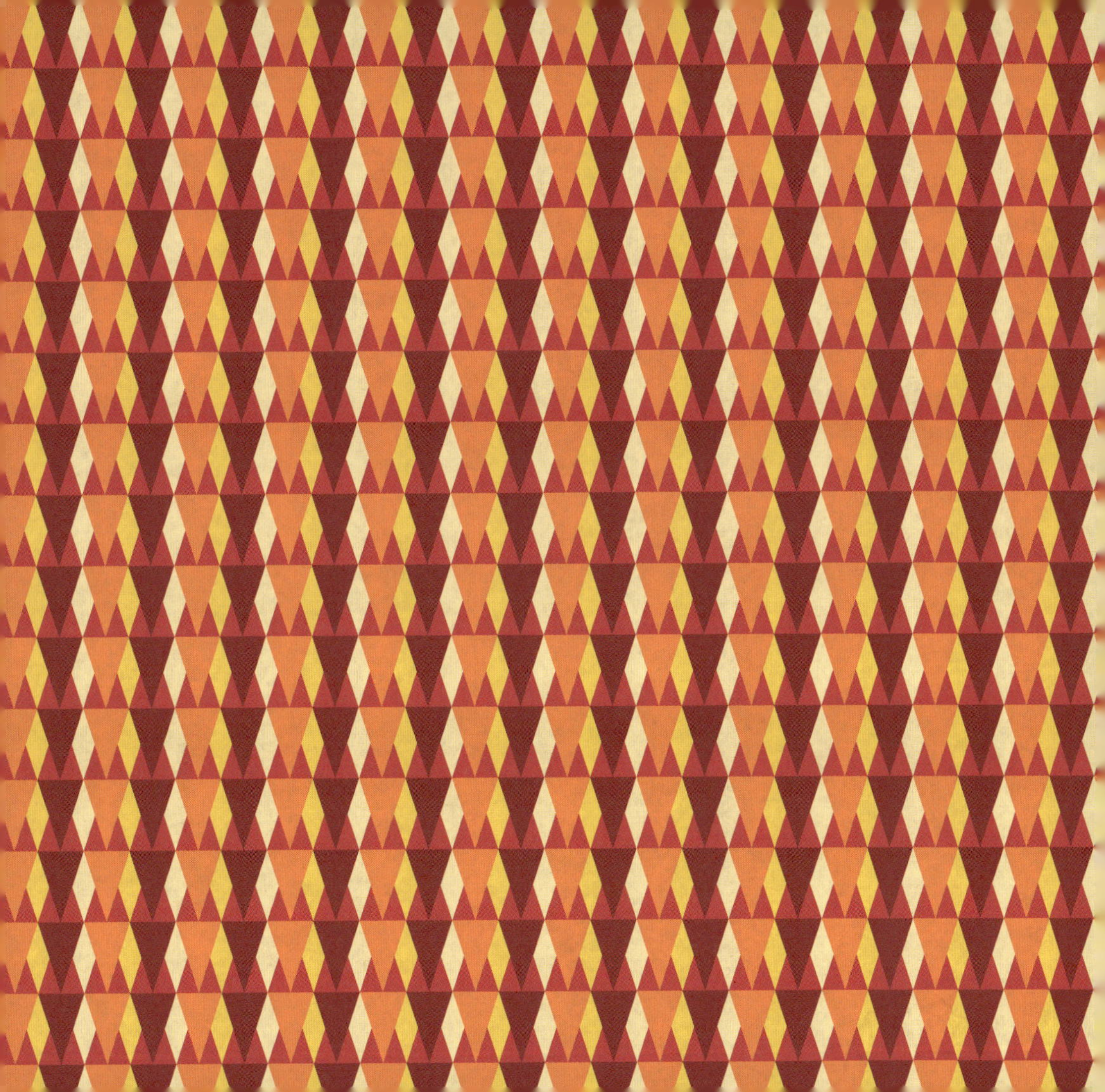

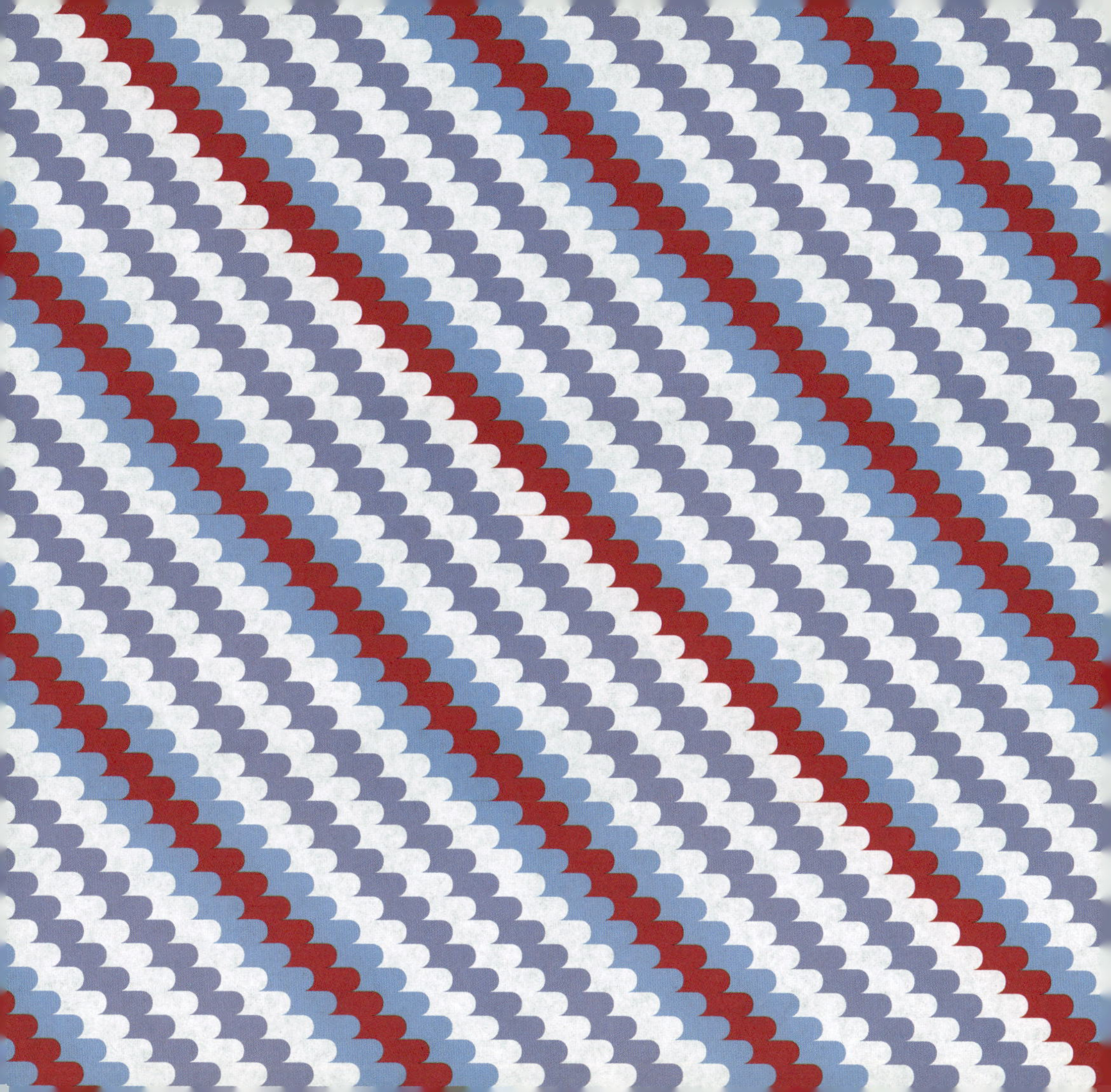

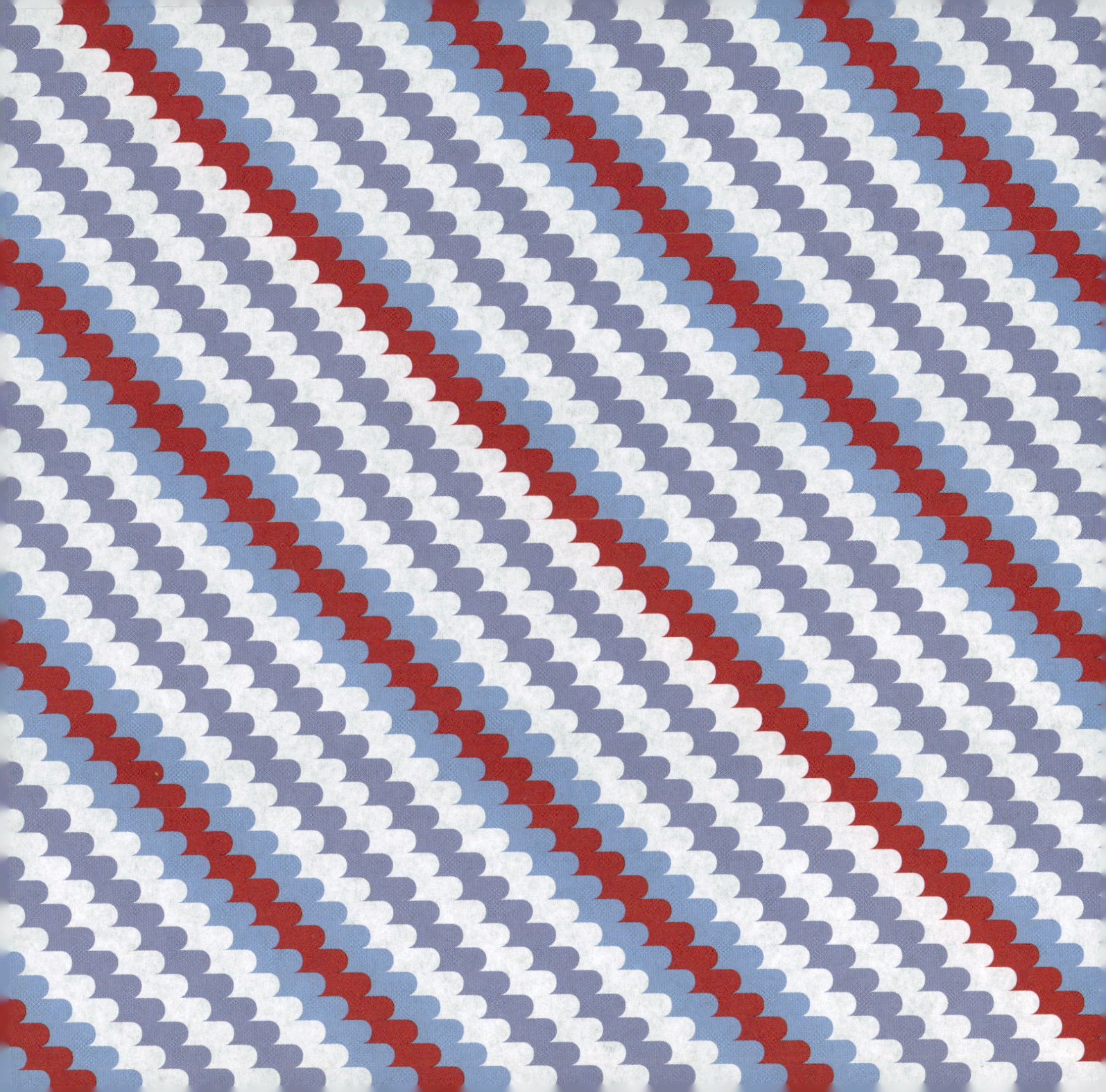

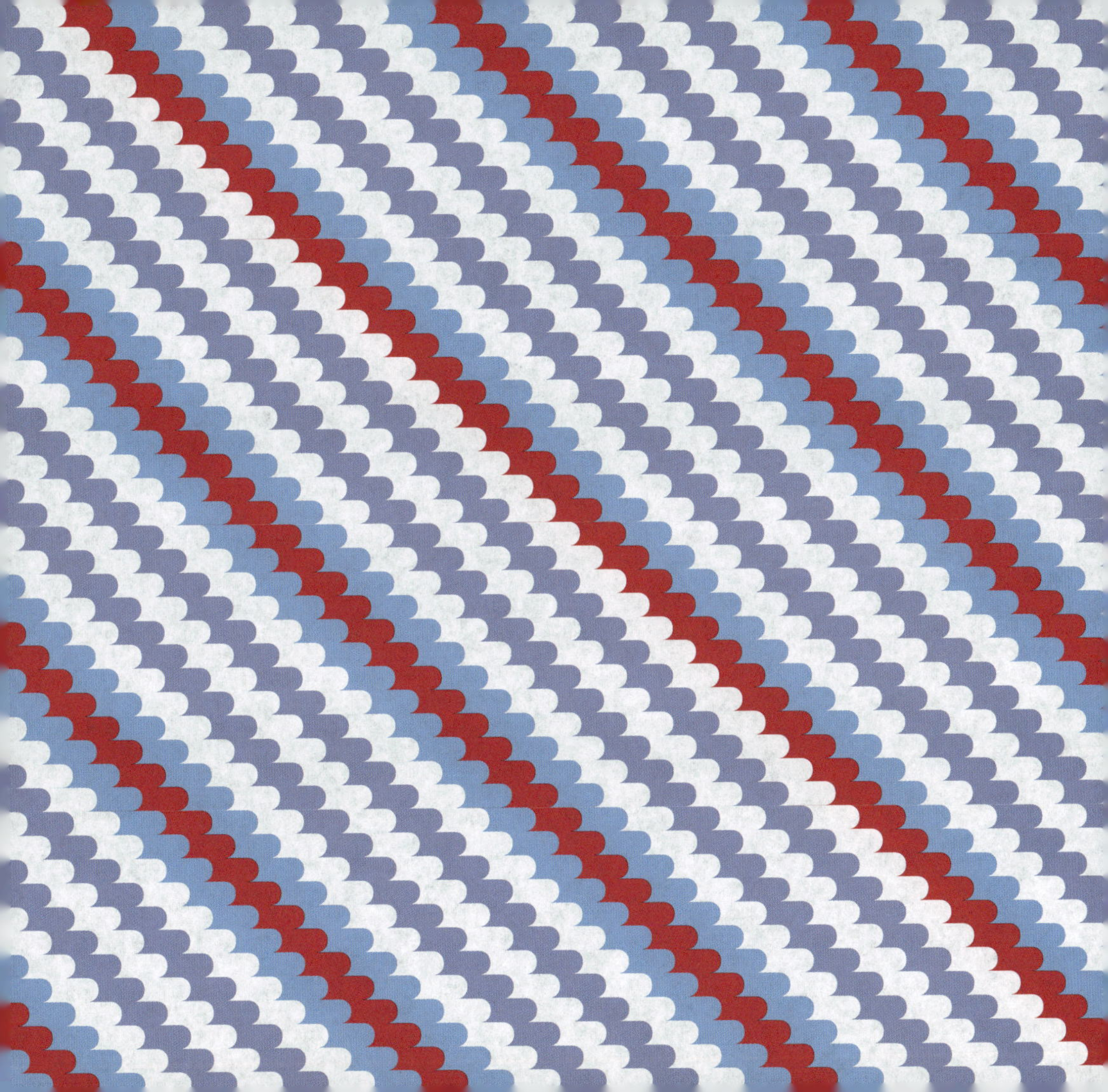

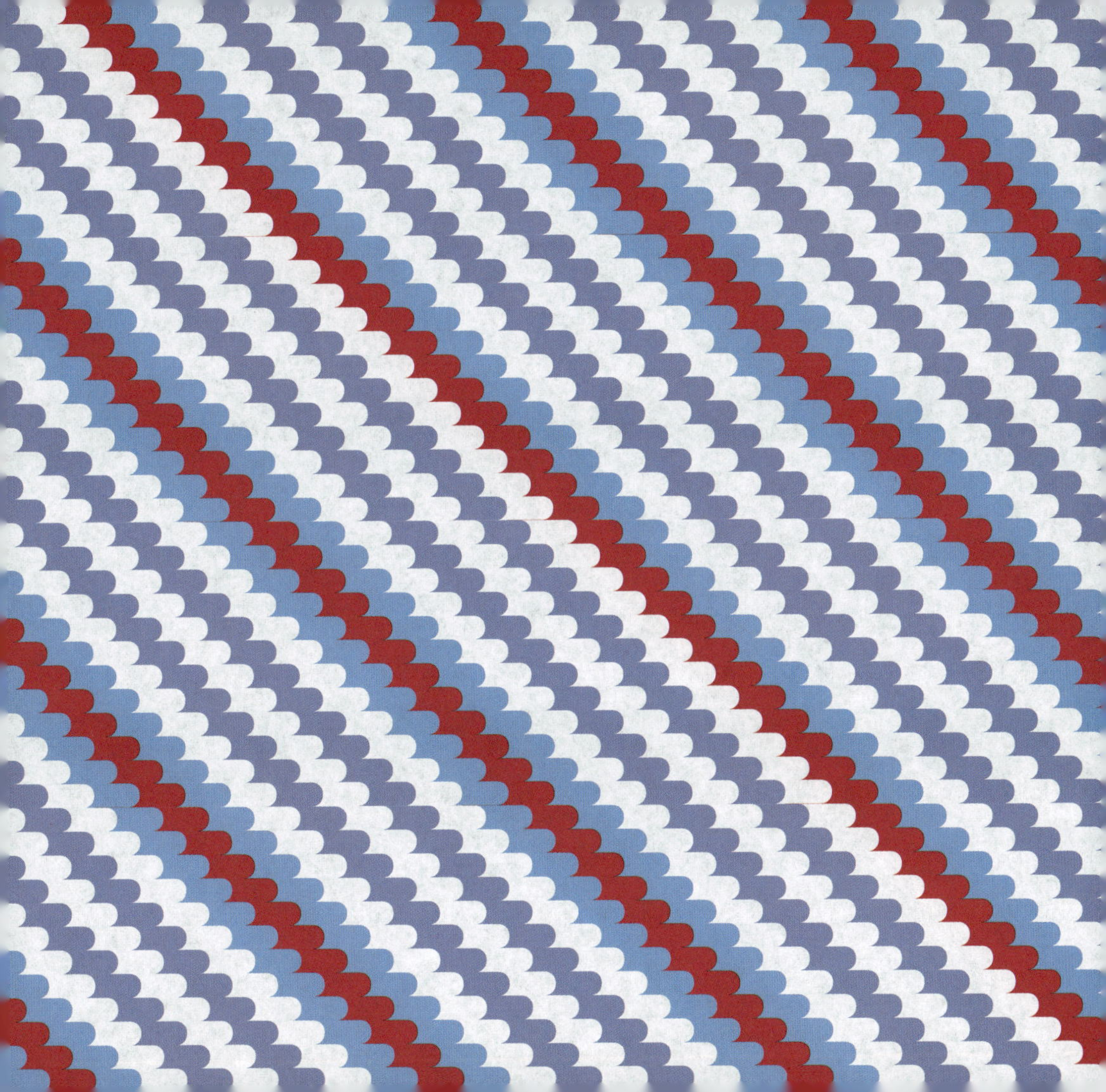

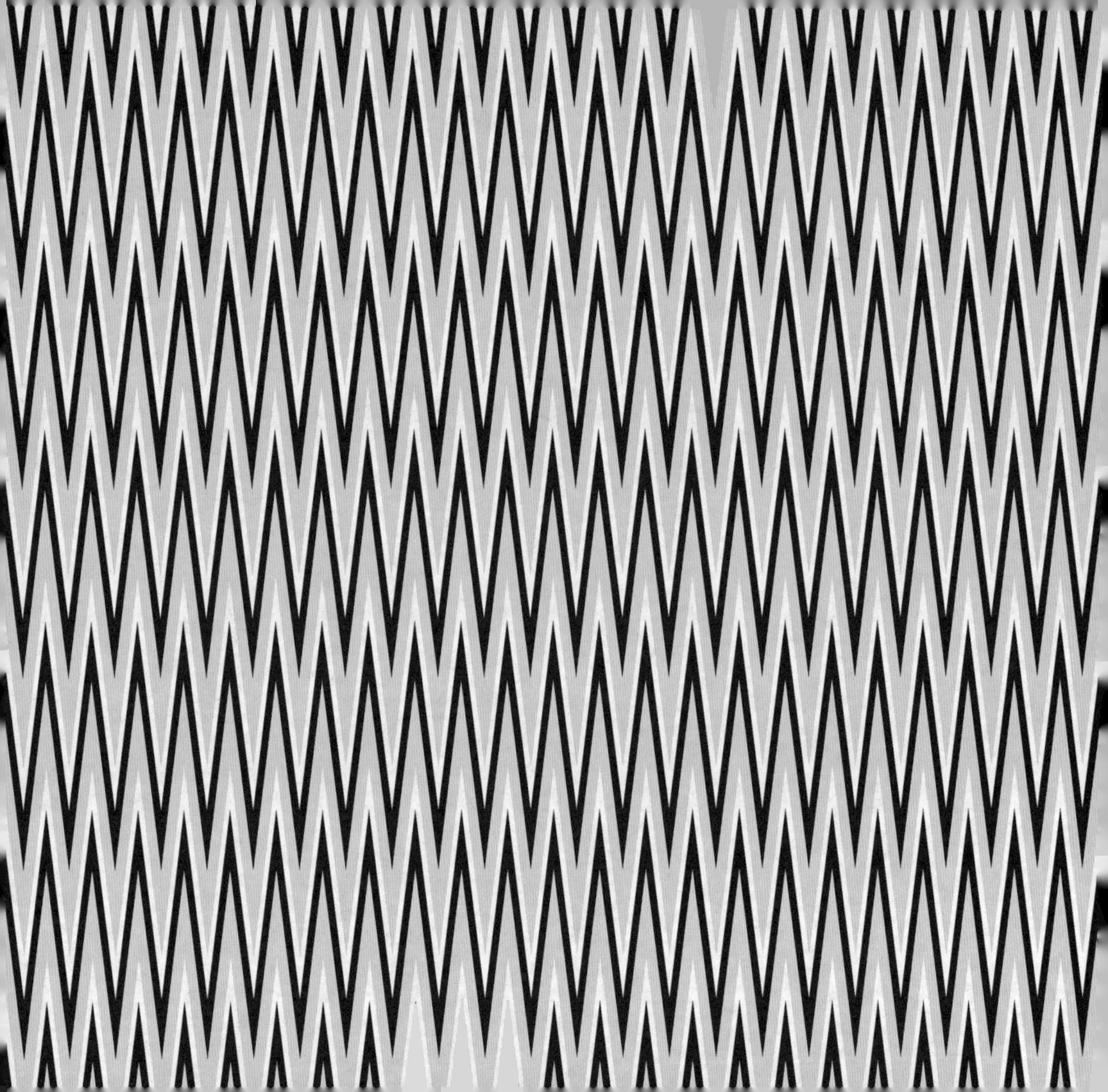

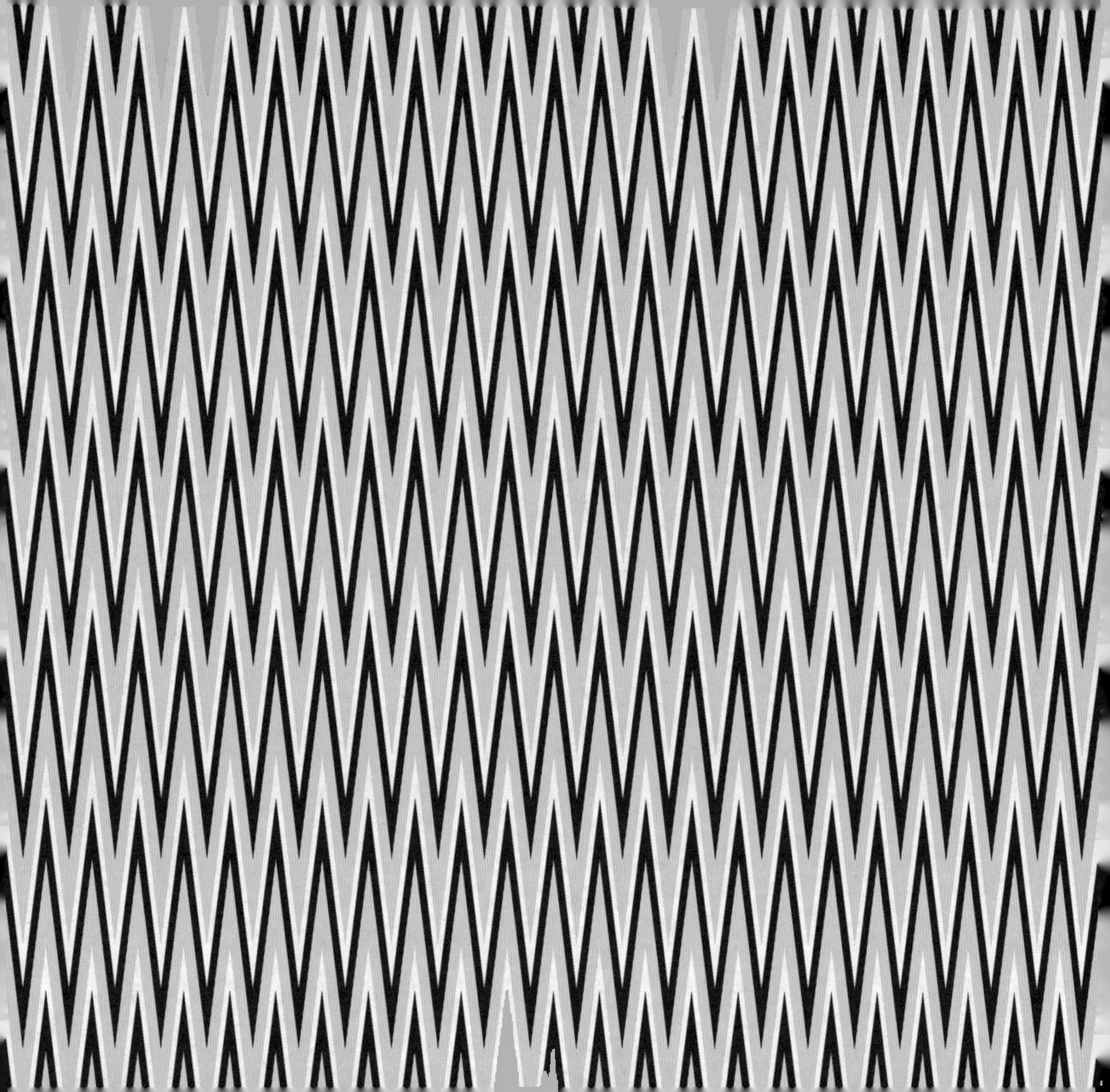

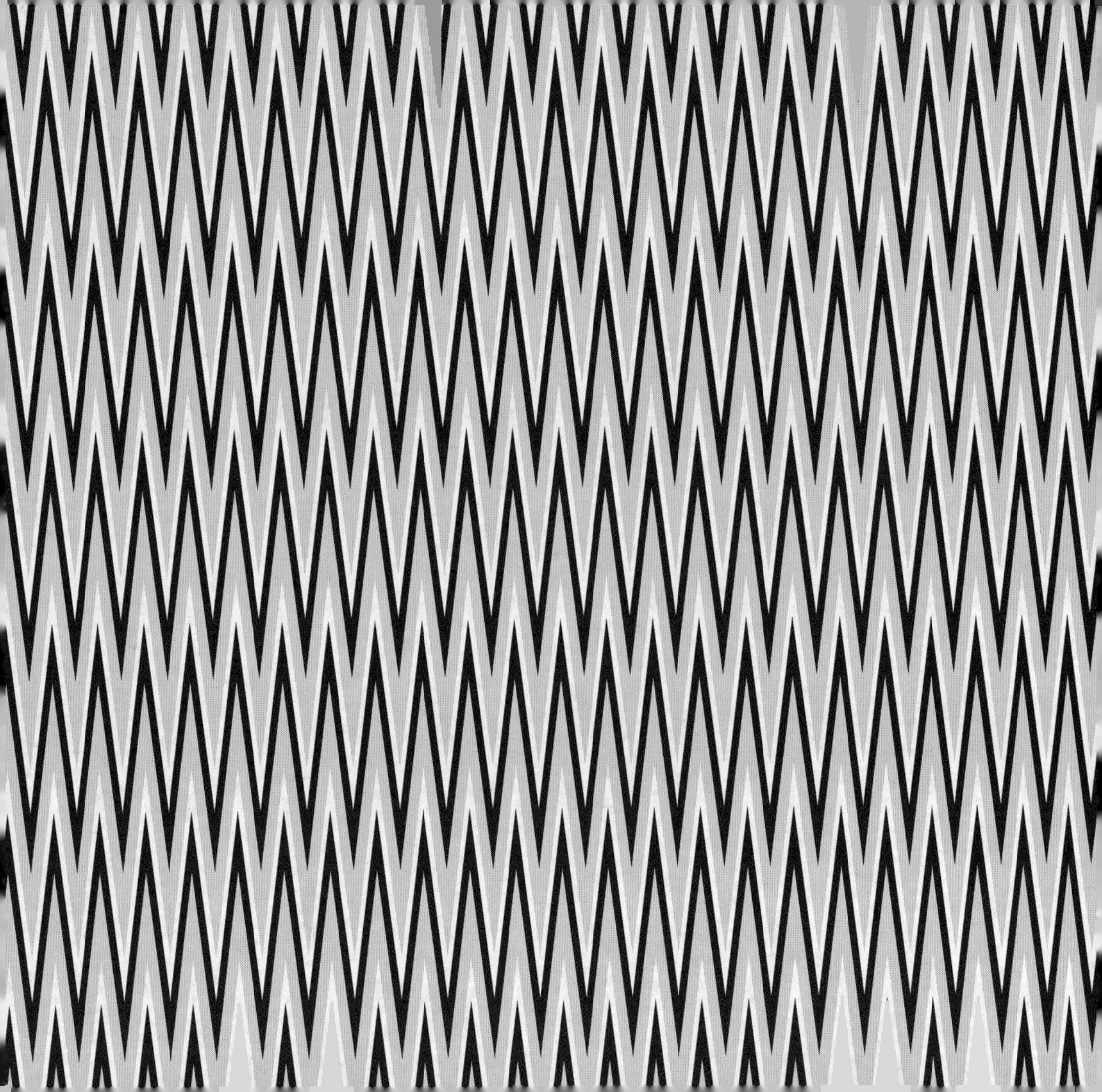

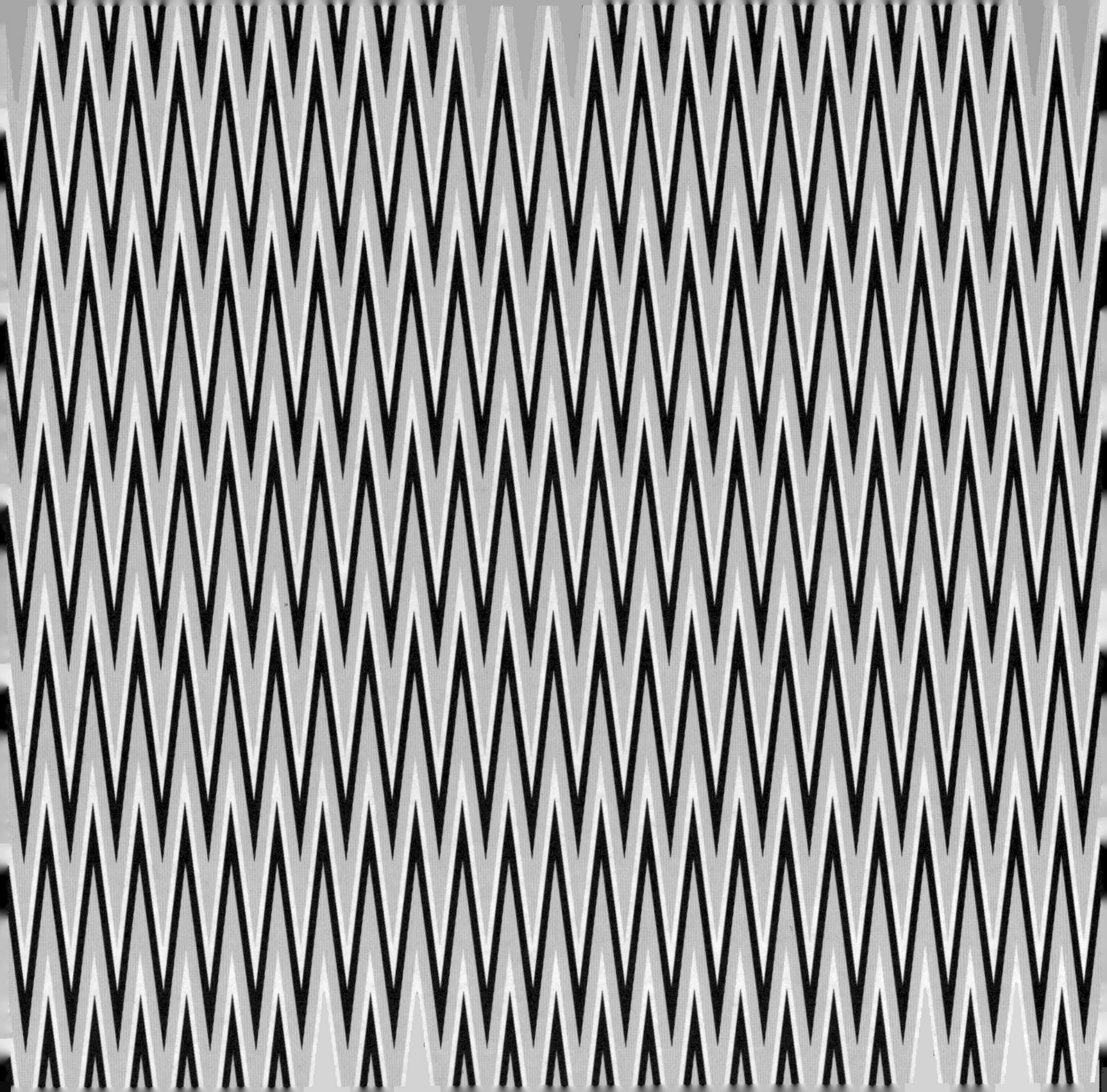

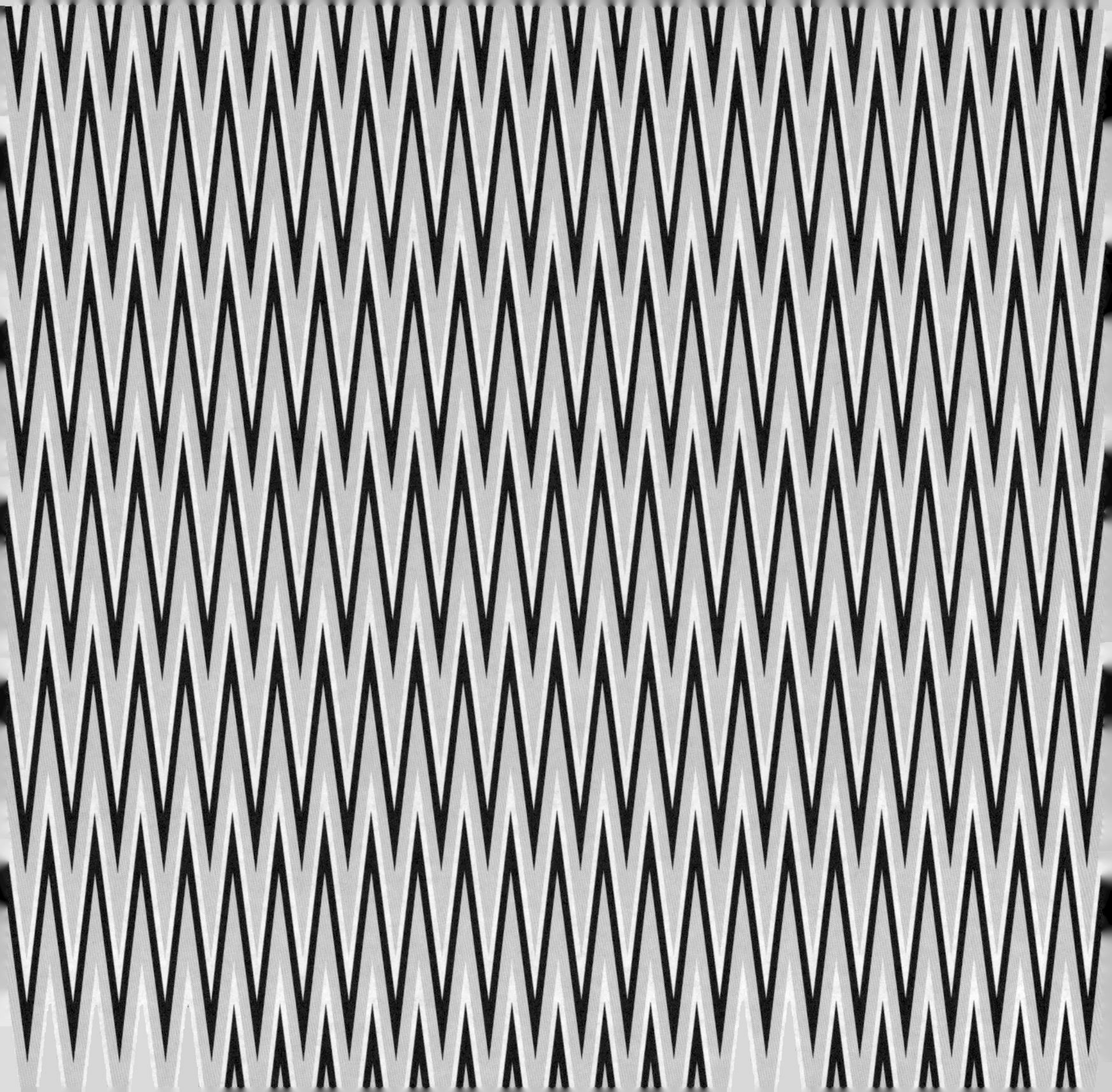

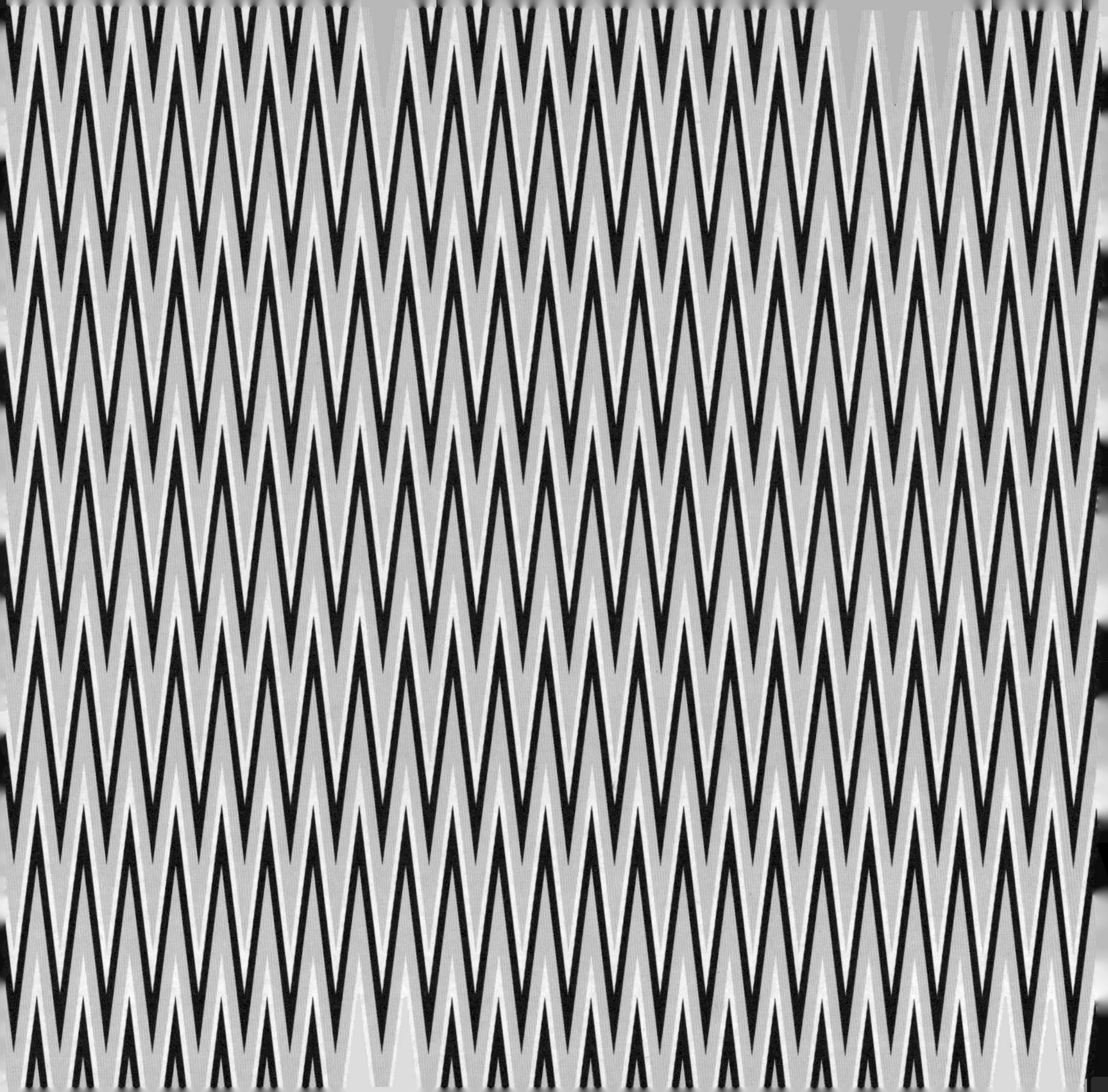

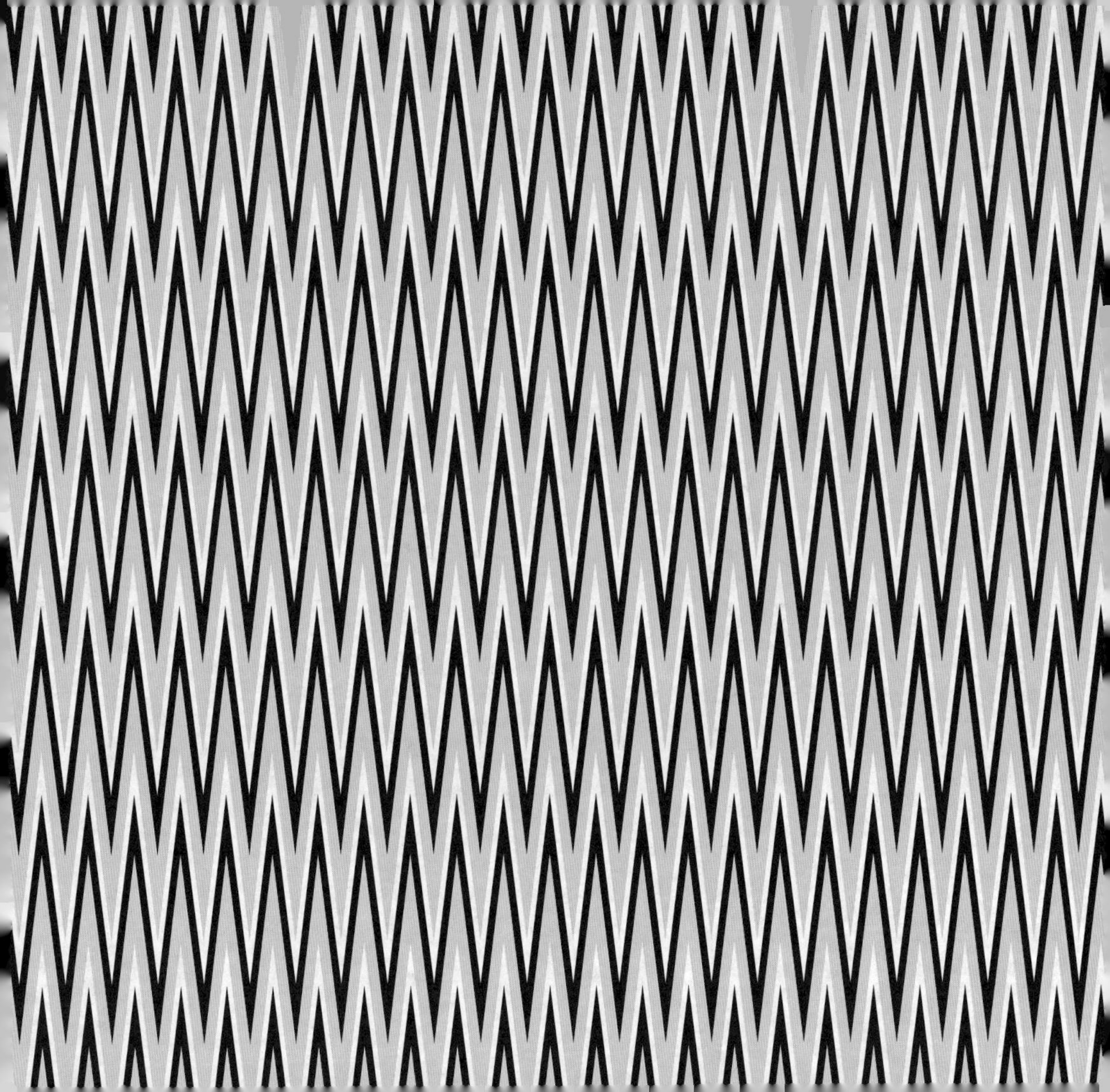

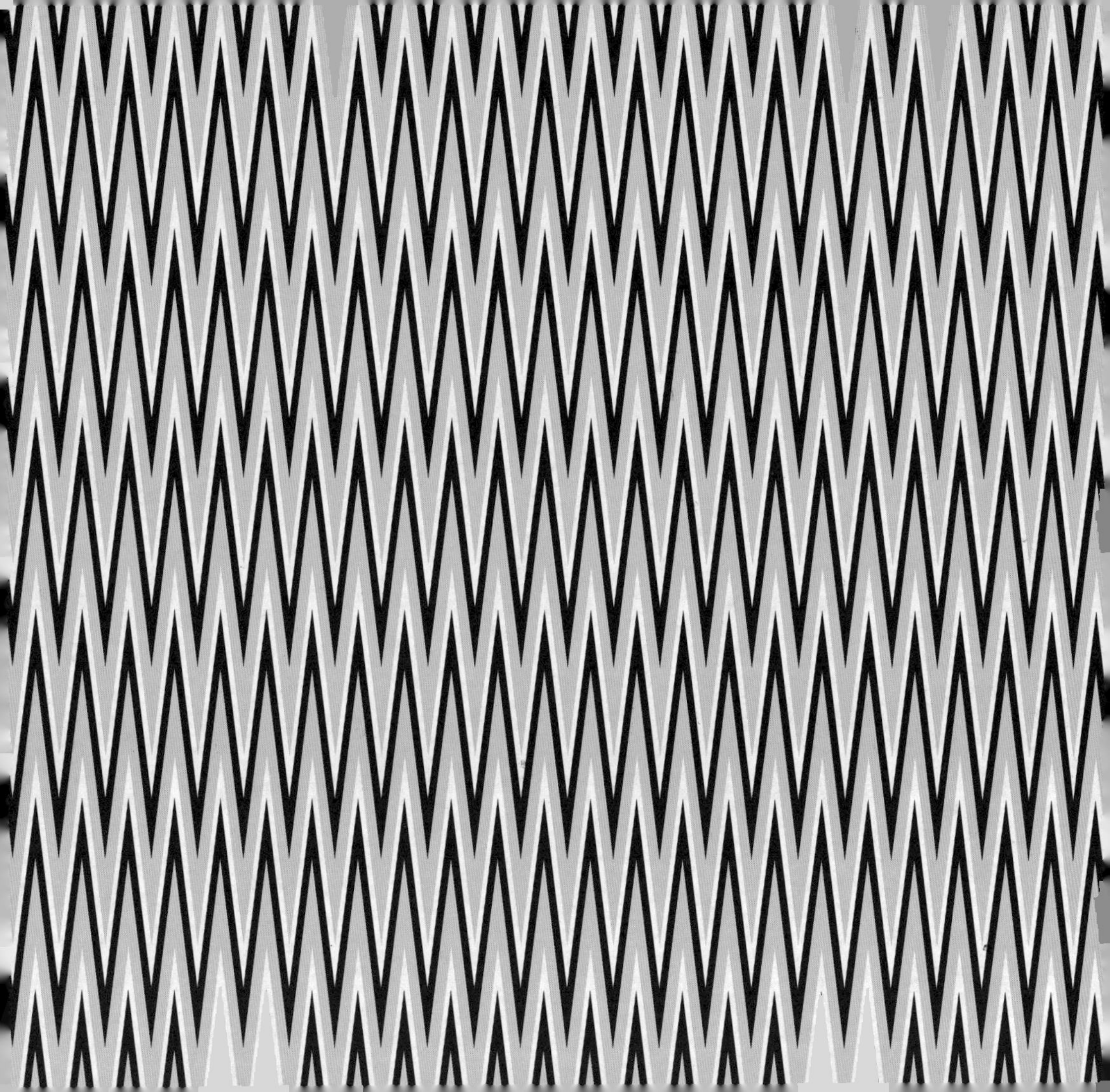

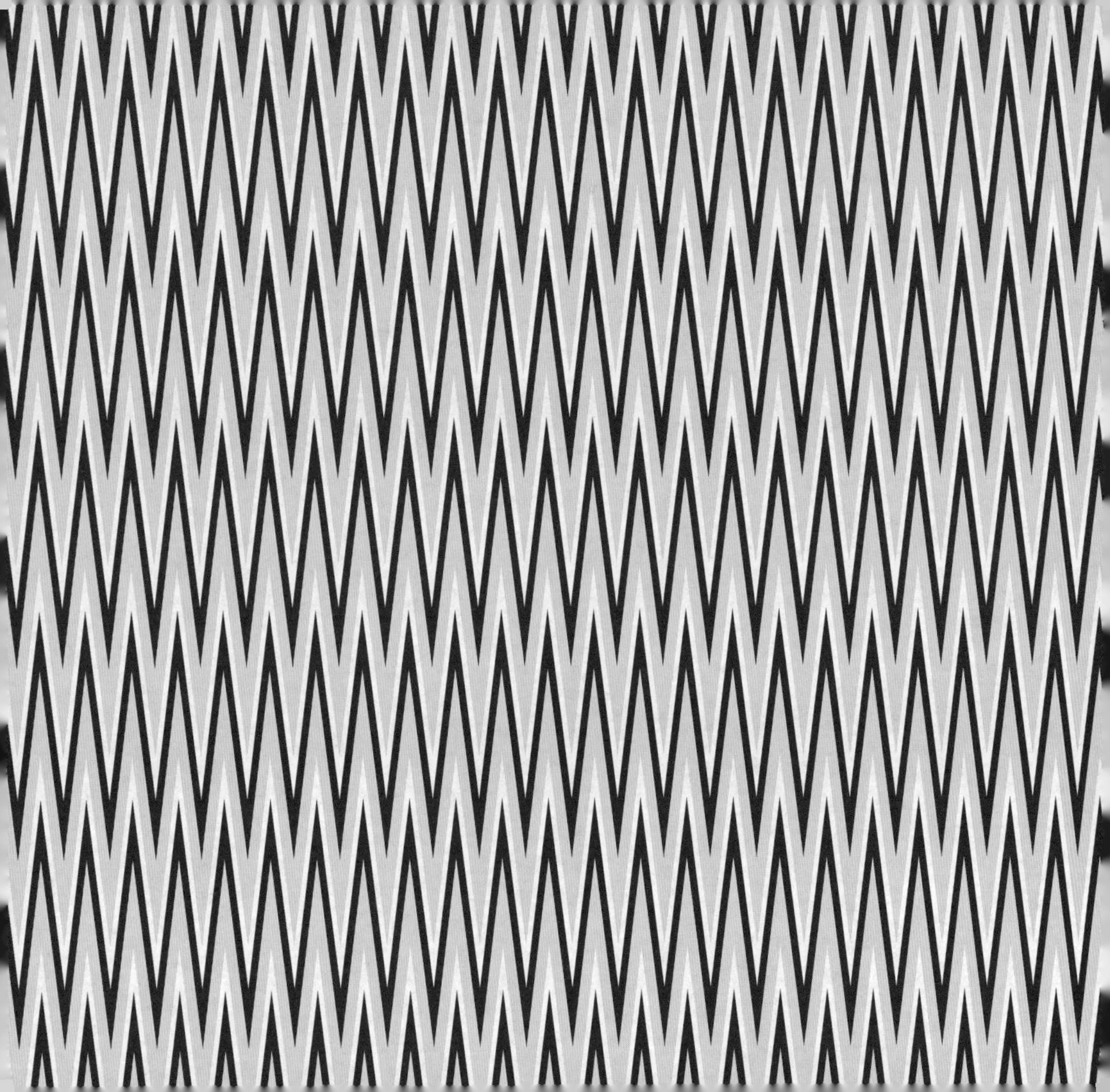

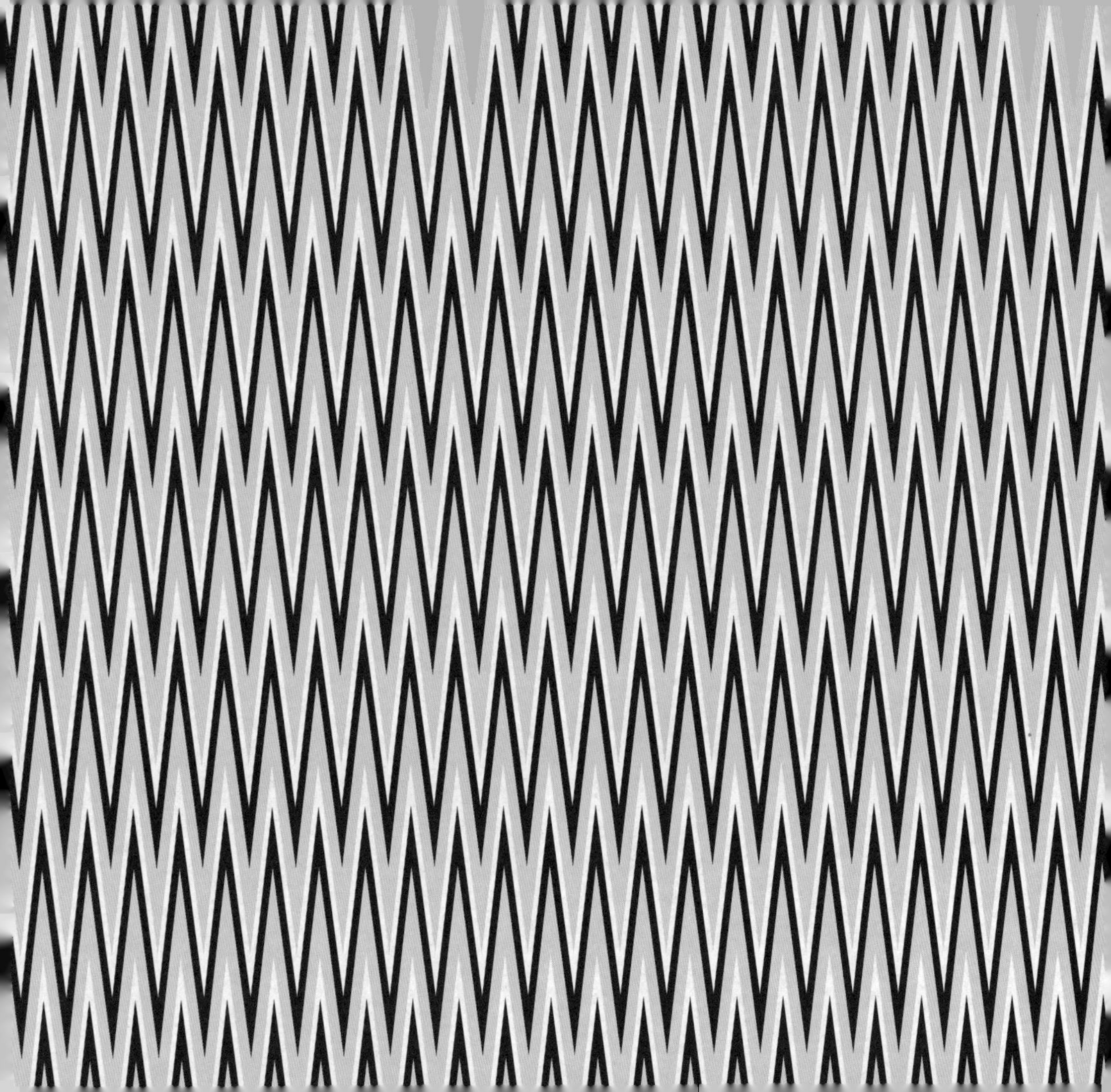

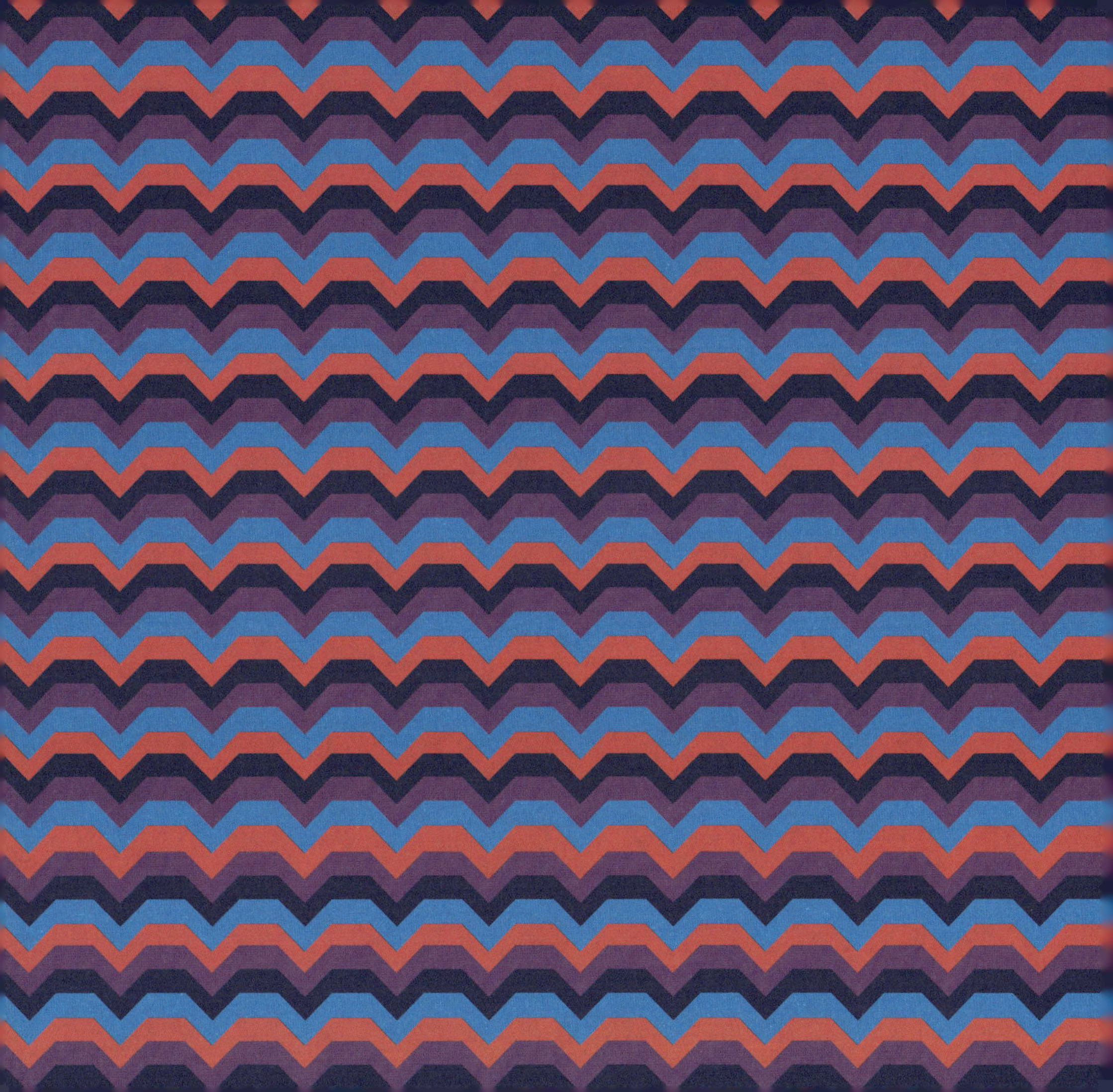

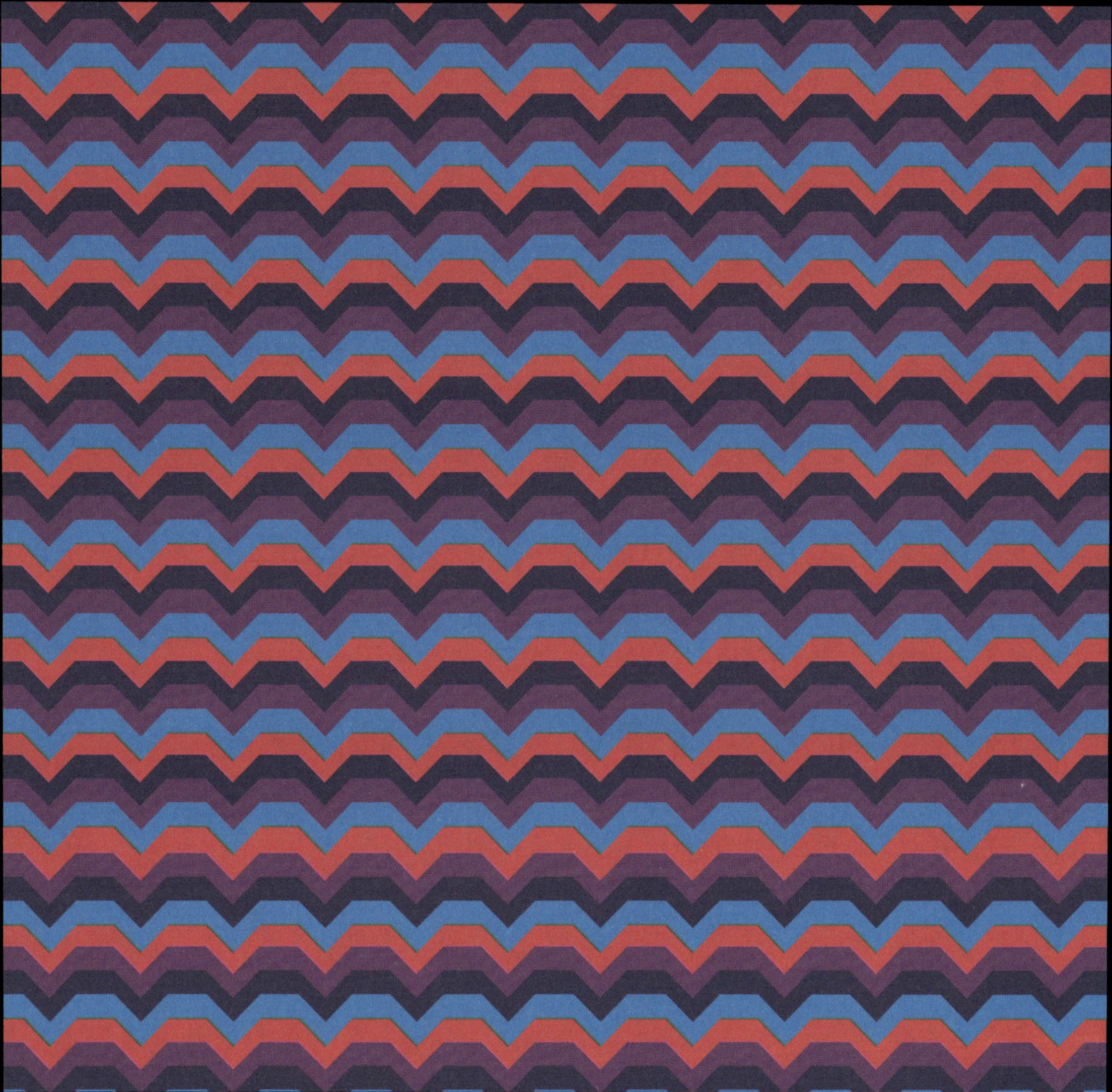

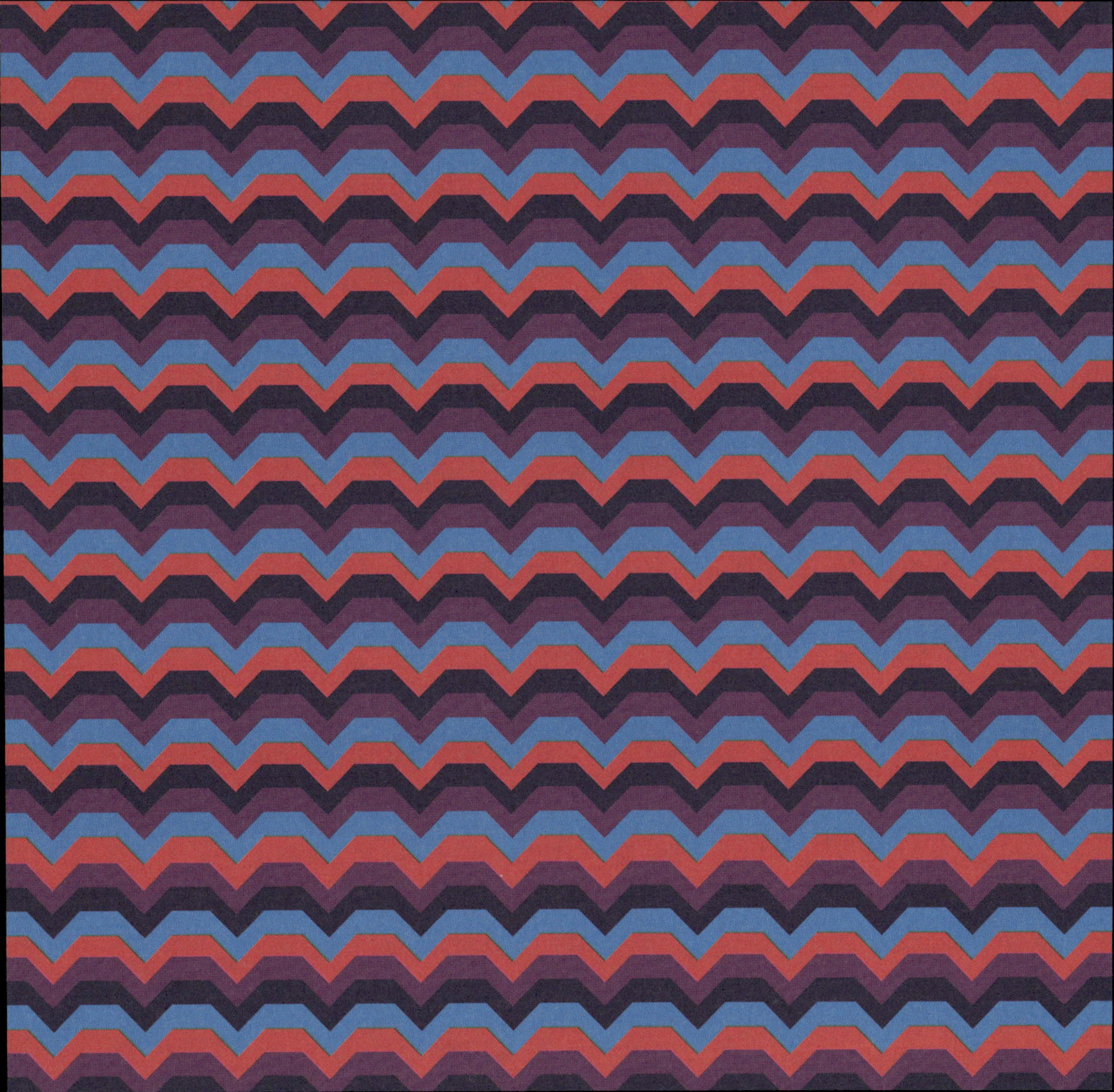